YOUCAT
Curso sobre a fé

Uma introdução
em 26 partes

Coleção **YOUCAT**

- *Youcat,* Fundação Youcat
- *Docat: como agir?,* Fundação Youcat
- *Bíblia jovem: Youcat,* Fundação Youcat
- *Youcat: preparação para a Crisma – catequista,* Nils Baer (org.)
- *Youcat: preparação para a Crisma,* Bernhard Meuser; Nils Baer
- *Youcat: Update! Confissão!,* VV.AA.
- *Youcat: orações para jovens,* Georg von Lengerke; Dörte Schrömges (orgs.)
- *Youcat para crianças,* Fundação Youcat
- *Box Youcat: minha primeira comunhão,* Fundação Youcat
- *Youcat curso de fé,* Bernhard Meuser

YOUCAT

CURSO SOBRE A FÉ

**Para compreender
a vida cristã**

Uma introdução
em 26 partes

PAULUS

Sumário

! Introdução: Curso sobre a fé agora!
PÁGINA 7

1 O que sabemos sobre Deus?
PÁGINA 11

2 Como Deus se mostra ao ser humano?
PÁGINA 17

3 O que quer dizer crer?
PÁGINA 23

4 Para que serve a Bíblia?
PÁGINA 29

5 O que significa: Deus torna-se pessoa humana?
PÁGINA 35

6 Por que existe o sofrimento?
PÁGINA 41

7 Por que a cruz?
PÁGINA 47

8 Para que precisamos da Igreja?
PÁGINA 53

9 Por que os cristãos se batizam?
PÁGINA 61

10 Por que os cristãos se crismam?
PÁGINA 67

11 Como Deus nos reconcilia consigo e com as outras pessoas?
PÁGINA 73

12 Por que a santa missa é o acontecimento central da Igreja?
PÁGINA 79

13 Como Deus chama?
PÁGINA 85

14 O que significa vida celibatária na Igreja?
PÁGINA 91

15 O que significa casar-se na Igreja?
PÁGINA 97

16
O que os mandamentos têm a ver com o amor?
PÁGINA 105

17
O que humaniza a pessoa?
PÁGINA 111

18
O que me liberta, o que me restringe?
PÁGINA 117

19
O que significa "Você deve santificar o domingo"?
PÁGINA 123

20
O que significa "Você não deve dar falso testemunho"?
PÁGINA 129

21
Como os cristãos agem de maneira socialmente responsável?
PÁGINA 135

22
O que é orar?
PÁGINA 141

23
Como se pode aprender a orar?
PÁGINA 147

24
O que é adoração?
PÁGINA 153

25
Como Jesus nos ensina a orar?
PÁGINA 159

26
Como dizemos sim a Deus?
PÁGINA 165

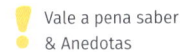

Do *Curso sobre a fé* ao Guia de Estudo
PÁGINA 170

Índice de nomes
PÁGINA 172

Índice de palavras-chaves
PÁGINA 173

Índice de todas as questões do YOUCAT
PÁGINA 176

Índice de todas as citações bíblicas
PÁGINA 179

Créditos das imagens
PÁGINA 180

O aplicativo para o YOUCAT
Estímulo cotidiano ao Evangelho no **YOUCAT Daily**
PÁGINA 181

Os sinais e seu significado

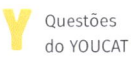

- Questões do YOUCAT
- Citações dos santos ou personalidades
- Citações da Sagrada Escritura
- Vale a pena saber & Anedotas
- Questões do "Tuitando com Deus"

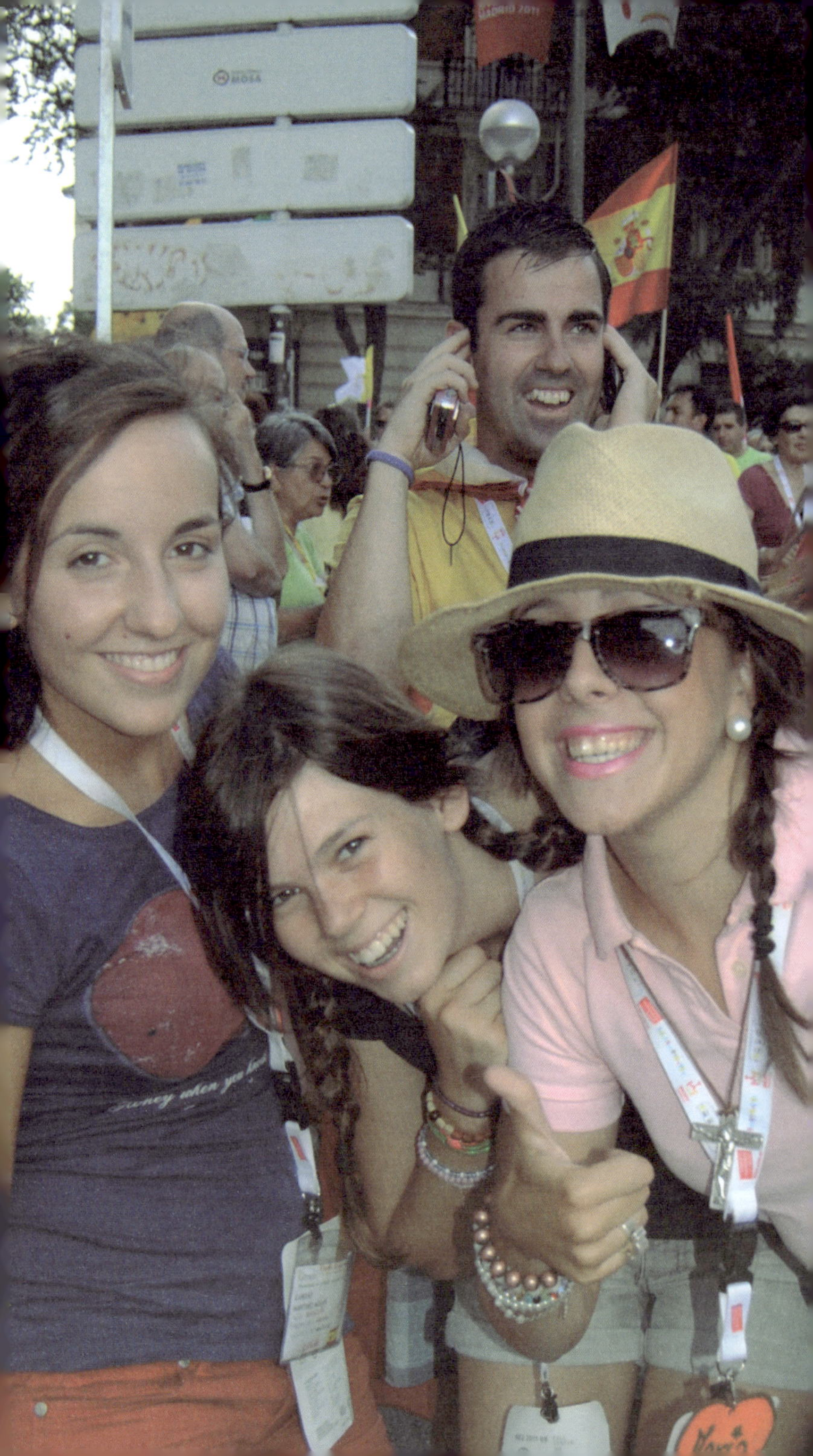

INTRODUÇÃO
CURSO SOBRE A FÉ

Curso sobre a fé agora!

Dizem que, em chinês, usa-se o mesmo ideograma para "crise" e "ocasião propícia". Alguns dizem: "a Igreja católica atravessa sua maior crise dos últimos quinhentos anos". O que nos impede de dizer: "a Igreja católica tem a mais propícia ocasião de se renovar"? Como era entre os primeiros cristãos? Na Carta a Diogneto, do século II, lemos:

"Habitam pátrias próprias, mas como peregrinos: participam de tudo, como cidadãos, e tudo sofrem como estrangeiros. Toda terra estrangeira é para eles uma pátria, e toda pátria, uma terra estrangeira. Casam-se, como todos, e geram filhos, mas não abandonam os neonatos à violência. Servem-se da mesma mesa, mas não do mesmo leito. Encontram-se na carne, mas não vivem segundo a carne. Moram na terra e são regidos pelo céu. Obedecem às leis estabelecidas e superam as leis com as próprias vidas. [...] Não são reconhecidos, mas são condenados à morte; são condenados à morte e ganham a vida [...] o que a alma é no corpo, isso são os cristãos no mundo".

Perante o vigor dos primeiros cristãos, o quebradiço ambiente da Antiguidade greco-romana desmorona. No decorrer de algumas gerações, os discípulos de Jesus colocaram de ponta-cabeça todo o mundo conhecido de então. No entanto, perguntamo-nos: como nós, cristãos católicos, podemos recuperar o brilho que tivemos um dia? Em que consiste a "oportunidade favorável"? Inspiremo-nos nos primeiros cristãos! O que eles tinham que não temos? Em primeiro lugar, eles tinham um perfil próprio. Em segundo lugar, tinham entusiasmo. Em terceiro, coragem. Como se consegue esse perfil? Mediante a coragem de ser diferente. Mesmo agora, alguns sugerem que a Igreja deveria tornar-se "mais normal", silenciar diante dos milagres, ocultar o excelente, aparar as arestas, reduzir as exigências e adaptar-se ao mundo. Absurdo! Que consultor aconselharia a Mercedes a fabricar carros mais normais, ignorar o avanço técnico e tomar como modelo a Dacia?

Os primeiros cristãos tinham a coragem de manifestar uma *diferença desafiadora*. Eles estavam apaixonadamente interessados em conhecer sua fé. Isso os distanciava um pouco de seus contemporâneos. As pessoas murmuravam contra eles, caluniavam-nos, até mesmo os perseguiam para, no final, entretanto, converter-se ao "novo caminho". O que as convencia era a sólida identidade dos primeiros cristãos. Eles não consideravam sua fé como uma bela hipótese que, segundo a ocasião, é substituída por outra mais compatível. Eles a tinham como verdadeira. E, se necessário, por ela deixavam-se lançar aos leões.

O "livro-perfil" da Igreja católica é o Catecismo – o grande *Catecismo da Igreja Católica* –, mas também o YOUCAT, que se traduz em um formato mais compreensível. Visto que o Catecismo não faz falsas concessões e confessa claramente a fé comum da Igreja, os estrategistas da reforma eclesial não gostam dele. O bispo Stefan Oster despertou-lhes o descontentamento quando anunciou, como bispo, querer lutar pela integridade da fé. Assim, por exemplo, considera verdadeiro o conteúdo do Catecismo, fundamentalmente, tudo – e, certamente, a partir de convicção teológica e filosófica".

Muitos católicos observam: agora é o tempo de conquistar um perfil e uma clara identidade como cristão católico!

➡ O *Curso sobre a fé – para compreender a vida cristã* é para todos os que anseiam pela beleza e luminosidade do Evangelho.

➡ O autor procurou narrar os pontos centrais da fé de maneira tão fascinante quanto um bom filme.

➡ Além da narrativa, encontram-se Questões do YOUCAT (indicadas por um Y) – como etapas para a profundidade da fé. Pode-se percorrê-las ou deixá-las à leitura do livro.

➡ É possível fazer o curso sobre a fé sozinho. Melhor é fazê-lo juntamente com amigos, vizinhos, pessoas da comunidade. É que a melhor maneira de a gente obter convicções é no diálogo, em um – assim chamado – grupo de estudos.

➡ Como organizar um grupo de estudos e como baixar gratuitamente o Guia de Estudo YOUCAT para o celular, pode-se ver na página 170 deste livro.

PS: Naturalmente, ainda existe muito mais a perguntar que não resulta do Catecismo. O YOUCAT completa-se bem com as perguntas concretas que os jovens dirigem ao Pe. Michel Remery, de **Tuitando com Deus**. Perguntas individuais também se encontram neste livro. Estão assinaladas com um ➤ . Mais informações sobre esta iniciativa bacana se encontram na página 180.

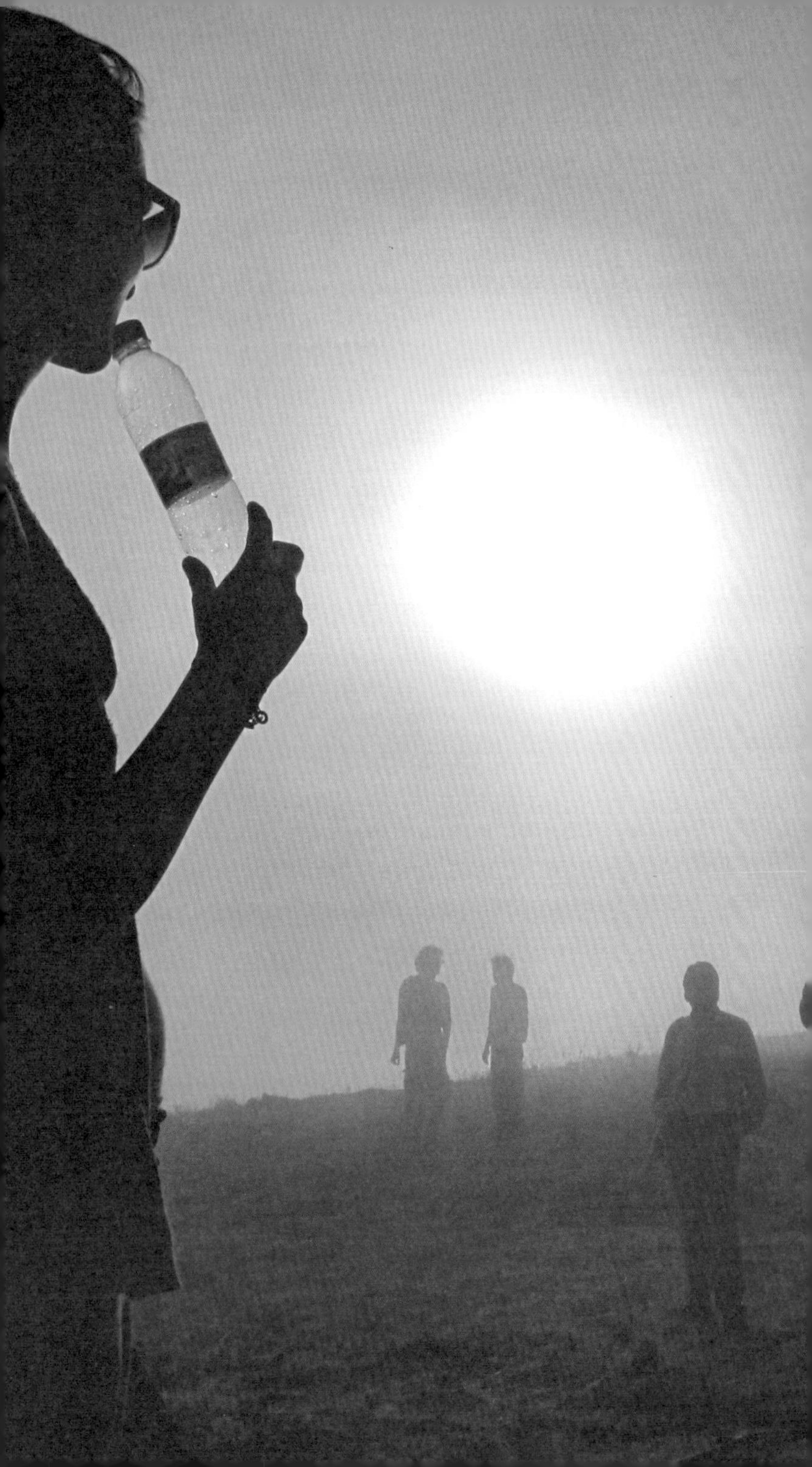

UNIDADE 1
CURSO SOBRE A FÉ

O que sabemos sobre Deus?

Aqui se trata

da questão de como as pessoas, afinal,
chegam à ideia maluca
de que, além de pedras, animais,
plantas e elas mesmas,
ainda poderia haver algo
extraterrestre com que
é preciso dialogar.

> **Questão 41:** A ciência natural torna o Criador desnecessário?

Assim indagava, por exemplo, o filósofo **F. W. J. Schelling** (1775–1854): "Por que não existe o nada? Por que, afinal, existe algo?".

> **Questão 23:** Existe contradição entre fé e ciência natural?

> **Questão 355:** O que significa: "Não terás outros deuses além de mim"?

As pessoas sempre foram "religiosas"; é provável que não haja um único povo nem uma única cultura em que algo divino, um deus ou vários deuses ao mesmo tempo não são venerados. "Por que, afinal, existe algo, e não, ao contrário, o nada?" – ecoa, até hoje, a primeira questão da filosofia. As respostas que são dadas se assemelham entre si; a maioria diz: não se pode pensar a realidade sem Deus. O conhecimento da moderna ciência natural (por exemplo, a respeito do *Big Bang*, do acaso e da necessidade, do surgimento e do desenvolvimento da vida humana) também não altera isso fundamentalmente em nada.

Já os primeiros testemunhos da religião são sinais plenos de reverência, beleza, gratidão; lançavam-se flores ao Criador e mantenedor do mundo, fazia-se subir até ele preciosos aromas e erigiam-se magníficos templos ao misterioso *Autor de tudo*.
Em todo caso, a divindade era poderosa e forte. Mas era igualmente *boa*? A vida, porém, trazia felicidade e infelicidade em uma colorida mistura. Desse modo, as concepções de Deus dos antigos, frequentemente, estavam também entretecidas pelo medo: e se a divindade estiver *zangada* comigo agora? As pessoas sentiam que elas mesmas não haviam criado sua própria vida, e que essa vida era como uma vela ao vento: a qualquer

UNIDADE 1: O que sabemos sobre Deus?   13

> 💬 Até agora, nenhuma descoberta científica me afastou da fé. Tudo o que aprendi com os conhecimentos científicos apenas me levou mais profundamente à admiração e à gratidão em relação ao meu Criador.

Cardeal Christoph Schönborn (*1945), arcebispo de Viena

momento, podia apagar-se e estava ameaçada de diversas maneiras. Elas não podiam influenciar nem o clima nem a fecundidade do solo. E para onde iam os mortos? As pessoas sentiam-se na mão de poderes superiores. Amiúde, procuravam influenciá-los mediante oferendas; diziam entre si: se dermos a Deus o que temos de melhor, então ele nos será propício. E, assim, ofereciam a Deus (ou aos deuses) frutos, animais e até mesmo pessoas – um negócio que pressupunha reciprocidade.

O povo de Israel tinha, manifestamente, um instinto especial para as coisas divinas. Quando lemos o Antigo Testamento, participamos de uma exemplar *história da aprendizagem sobre Deus*. Vemos como Israel se despede do politeísmo do antigo Oriente. Deus só pode ser único.

Questão 30:
Por que cremos em um só Deus?

Sol, lua e estrelas, que ainda são adorados como deuses pelos povos vizinhos, na Bíblia são ridicularizados como luzeiros no céu. Abraão aprende que este Deus único é acessível. E aprende que este Deus não deseja nenhuma vítima humana. Nos Salmos se lê: "Pois não queres nenhum sacrifício, e se te oferto um holocausto, não o aceitas" (Sl 51,18). Contudo, o que francamente agrada a Deus é um "coração puro" (→ Sl 51,12). Fazer o bem, ser justo, manifestamente isso tem a ver com um Deus que é, em si, inteiramente bom e justo. Como, então, surge o mal no mundo, de onde vêm o ódio e a violência, a culpa e a morte, as lágrimas das crianças e o sofrimento dos animais inocentes?

Sl 51

Questão 357:
O ateísmo é sempre um pecado contra o primeiro mandamento?

Hoje se distinguem três formas de relacionamento com Deus: o ateísmo, o agnosticismo e o teísmo.

ATEÍSMO ➡ O ATEÍSMO (que surgiu tardiamente na história da humanidade) consiste na presumida certeza de que Deus não existe. O AGNOSTICISMO parte da pressuposição de que o ser humano não poderia saber nada seguro sobre Deus; por isso, ninguém deveria ocupar-se com religião.

AGNOSTICISMO ➡

❞❞ Explicar com o acaso a origem da vida sobre a terra significa esperar que da explosão de uma tipografia surja um dicionário.

Edwin G. Conklin (1863–1952), biólogo americano

TEÍSMO ➡ O TEÍSMO pressupõe a existência de Deus, com o que ainda não se diz o que é isto – "Deus". Um princípio, um sentimento, uma razão universal, um espírito, uma pessoa, uma energia cósmica?

UNIDADE 1: O que sabemos sobre Deus? 15

Quando **C. S. Lewis** (1898–1963), autor de *As crônicas de Nárnia*, tornou-se cristão, ele já era *teísta*. Mediante a reflexão, Lewis chegou à compreensão de que Deus deveria existir. Mas isso não o afetava. Não passava de uma suposição fria e sem consequências. Como se poderia entrar em contato com esse outro lado estupendo da realidade? Para C. S. Lewis, isso parecia impossível. Ele sentia-se como Hamlet, personagem da peça de William Shakespeare – como alguém, portanto, que desempenha um papel em uma peça que ele próprio não escreveu. Um dia, porém, veio-lhe a intuição decisiva: "Se Hamlet e Shakespeare alguma vez se encontrassem, então isso deveria acontecer por iniciativa de Shakespeare. Hamlet não poderia ter nenhuma iniciativa". Poder-se-ia, portanto, dizer: a essência do cristianismo consiste em que o autor da peça aparece no palco inesperadamente e mostra-se às suas personagens – portanto, que o imperscrutável Deus emerge de seu mistério e se mostra tal como é. A isso chamamos REVELAÇÃO.

A "Campanha Ateísta de Ônibus" (foto acima) foi idealizada pela jornalista britânica Ariane Sherine em 2008, e teve o apoio de Richard Dawkins.

Questão 7: Por que teve Deus de se revelar, para sabermos como ele é?

← REVELAÇÃO

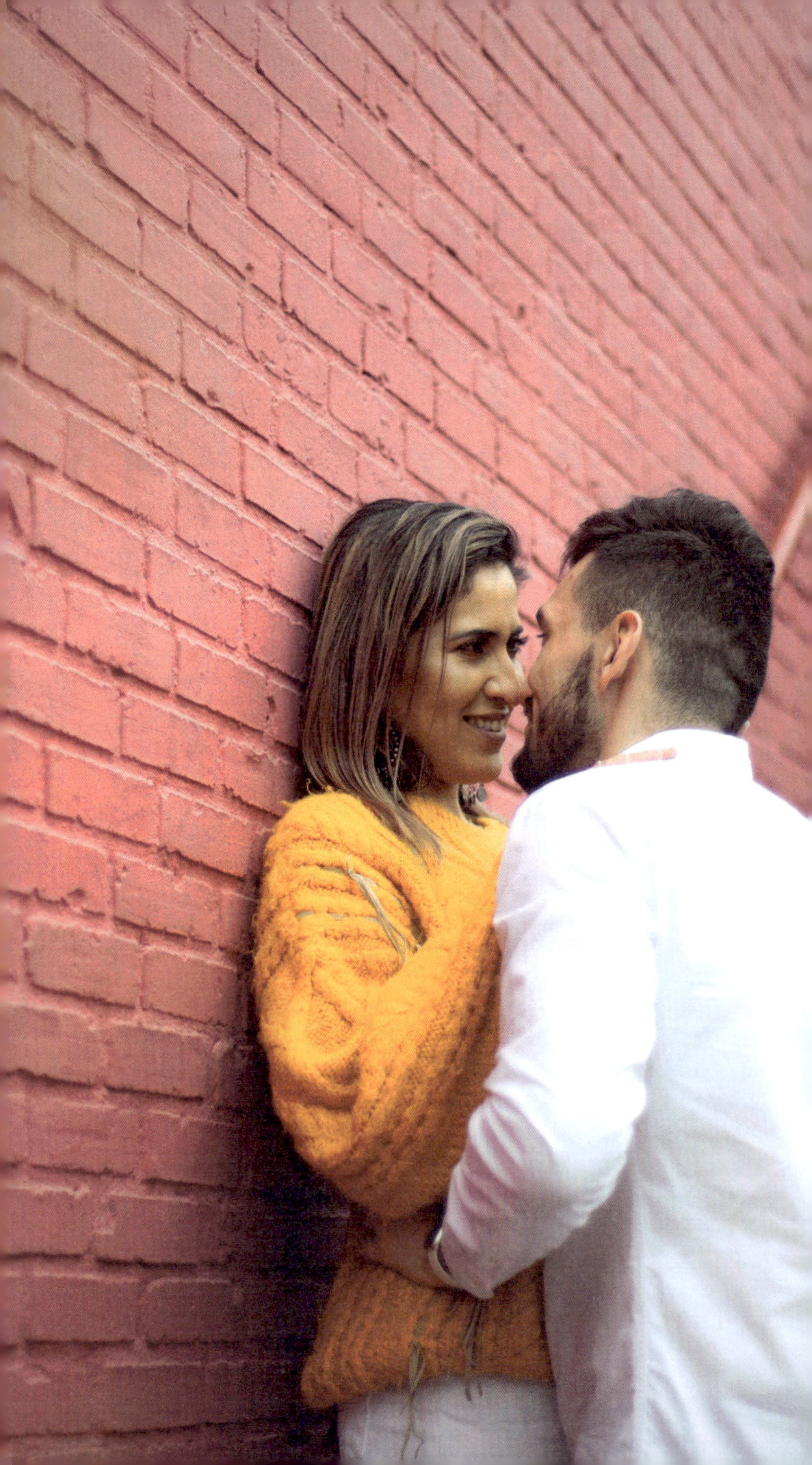

UNIDADE 2
CURSO SOBRE A FÉ

Como Deus se mostra ao ser humano?

Aqui se trata

de como o Deus incomensuravelmente
grande entra em nossas mentes limitadas e
por que isso se torna mais rapidamente
compreensível através de uma história
de amor convencional do que
através de grossos livros.

Questão 6: Pode Deus, de alguma forma, abarcar-se em conceitos? Pode-se falar razoavelmente dele?

Questão 4: Podemos descobrir a existência de Deus com a nossa razão?

Agostinho (354–430) foi um dos maiores filósofos cristãos – e também um santo; no entanto, tinha uma biografia terrível. Antes de seu batismo, viveu um matrimônio desordenado e teve também um filho. Mais tarde, tornou-se bispo.

Questão 295: O que é a consciência?

Quem já viveu, alguma vez, uma história de amor em sua vida conhece este momento emocionante. Alguém com quem você gosta muito de lidar, de quem você gosta muito de estar perto, esta pessoa luta consigo mesma, fica vermelha: "Olhe... preciso dizer-lhe algo!". Seu coração quase lhe sai pela boca. Você intui o que vem a seguir: a pessoa que ama você arrisca tudo, pois você poderia rir ou desprezá-la. No entanto, ela atreve-se; *revela-se a você* e permite-lhe dar uma olhada nos espaços mais recônditos de seu coração. Se a outra pessoa não corresse esse risco, você jamais saberia, na vida, o que ela sente por você.

Como não existe nenhuma história de amor sem revelação, assim também não existe nenhum conhecimento de Deus sem que Deus se eleve da profundidade de seu escondimento e se revele, ou seja: torne-se compreensível no que ele é e no que deseja de nós. Deus é demasiado grande para que alguém possa defini-lo ou conceituá-lo. Como são ridículas todas as tentativas de colocar Deus em uma fórmula! Já o grande filósofo Agostinho dizia: *"Si comprehendis, non est Deus"* – em tradução livre: se você (o) compreendeu, então o que você acredita compreender, com toda a certeza, não é Deus. Na verdade, dever-se-ia dizer como Karl Barth: "Só se conhece a Deus através de Deus". Um besouro está também sobrecarregado com o cálculo infinitesimal.

Como Deus poderia mostrar-se a nós a fim de que compreendêssemos? Com um letreiro luminoso de neon no horizonte? Ou ele agradaria mais aos entusiastas da ficção científica se, diante das câmeras ligadas, emergisse das profundidades do oceano como um monstro extraterrestre? Isso é ridículo. Por acaso, não ficaríamos totalmente ofuscados caso Deus se mostrasse a nós diretamente? Assim, Deus, no entanto, deixa-se encontrar em diversos vestígios que mostram seu poder e grandeza, por exemplo, na *natureza* e na *consciência*.

Na *natureza*: o sol nasce, e a criação mostra-se em uma plenitude e beleza que a gente sente: isso é o DNA de Deus. Das células mais pequeninas ao macrocosmo, tudo se harmoniza da maneira mais encantadora. Normalmente, a consciência diz-nos que não é absolutamente bom espancar uma criança, roubar ou enganar alguém. É como se fosse a voz de Deus que quer, imperativamente, isso de nós. Quando infringimos isso, temos a sensação de que jamais poderíamos comparecer novamente diante dessa Instância que, tão misteriosamente, está presente em nós.

Deus está ainda mais intensamente aí do que nas vagas experiências da natureza. Ele é o *arremate*, a *graça*, o *clímax* em sua vida. Muitas pessoas não têm a menor ideia disso; acreditam que se pode responder à pergunta pelo sentido da vida também sem Deus. Elas permanecem abaixo de suas possibilidades quando imaginam que uma vida significativa consistiria em extrair da vida o máximo em diversão, antes de serem enterradas no cemitério local.

Questão 45: A ordem e as leis naturais também procedem de Deus?

Questão 50: Que papel desempenha o ser humano na Providência Divina?

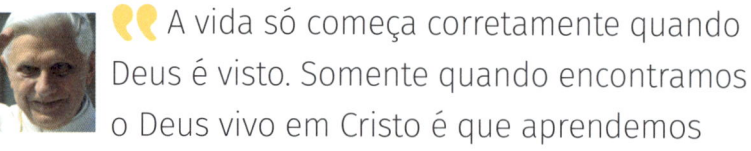

❝ A vida só começa corretamente quando Deus é visto. Somente quando encontramos o Deus vivo em Cristo é que aprendemos o que é a vida. Não somos o produto casual e sem sentido da evolução. Cada um de nós é fruto de um pensamento de Deus. Cada um é desejado, cada um é amado, cada um é necessário.

Papa Bento XVI, 2005

Y Questão 43: O mundo é, porventura, produto do acaso?

Com a fé, acontece o mesmo que nos cinco minutos que antecedem o início de sua grande história de amor, que põe tudo de ponta-cabeça. Tudo é ainda cinzento. Ele/ela aparece na esquina e, para você, o mundo começa de novo do zero. Assim é também com a fé: seu Criador, seu Senhor e Salvador aparece na esquina e, a partir daí, vocês têm uma história em comum. Começa a aventura. Mais tarde, você dirá: de fato, eu não sabia o que é a vida!

O que é o ser humano? Alguém me diz em segredo: ela conheceu Albert Einstein; ele esteve no palco com Michael Jackson; a chanceler gosta de sair para comer com ela. No entanto, o que acontece com um ser que jamais fica sob os holofotes? A criança à margem da zona do Sahel, o ancião demente cuja baba escorre... Ambos têm menos valor? Dirigimo-nos a eles movidos unicamente por certo sentimentalismo? Em nenhuma parte no reino do espírito, em nenhuma religião, o ser humano tem uma importância maior do que no judaísmo e no cristianismo.

Aqui, o ser humano – e, com certeza, *cada* ser humano – é "coroa da criação" (Sl 8,6), "imagem de Deus" (Gn 1,27), o ser que é olhado por Deus com amor eterno, o parceiro de comunicação de Deus em pé de igualdade. "Teus olhos viram meu embrião" (Sl 139,16). Com a *revelação de Deus*, começa uma nova qualidade do humano.

Questão 280: Como fundamentam os cristãos a dignidade humana?

Questão 56: O ser humano tem um lugar especial na criação?

Sl 8,6; Gn 1,27

Sl 139,16

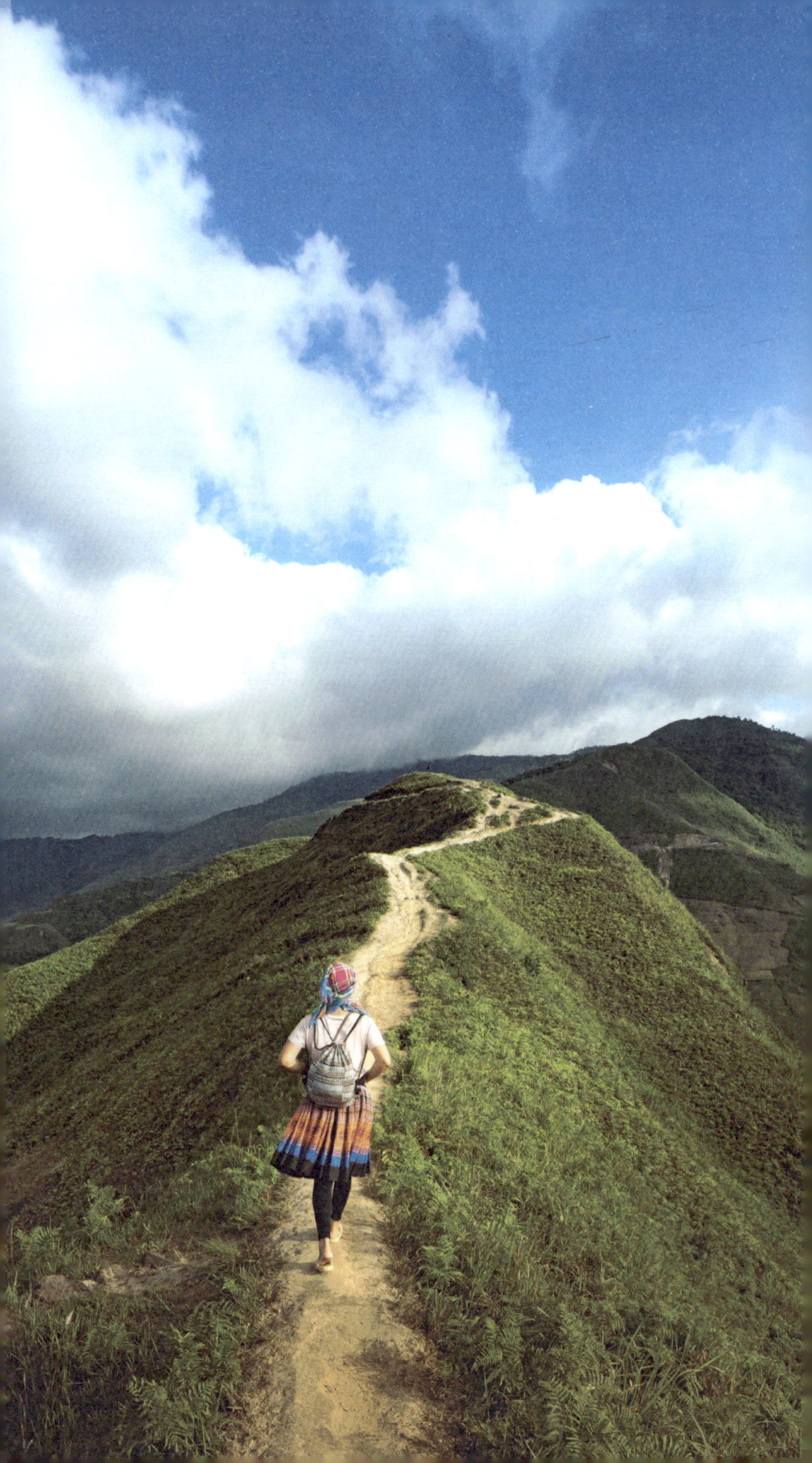

UNIDADE 3
CURSO SOBRE A FÉ

O que quer dizer crer?

Aqui se trata

de responder se você gostaria de viver

sua vida sozinho

ou se você acredita que existe alguém

que conhece todos os seus caminhos

e que fica feliz

quando você caminha

em direção a ele.

O que é preciso para uma vida inteiramente normal? Muita fé. Não tenho nenhuma prova de que a Islândia realmente existe. No entanto, confio no portal de viagens. Se eu reservar uma passagem e for ao aeroporto, creio que aterrissarei em Reiquiavique. Pouquíssimas coisas na vida podemos provar. E quando alguém diz à namorada: "Prove-me seu amor!", então se pode ter bastante certeza de que este amor já está no fim, antes mesmo de ter começado.

Questão 12: Como sabemos o que pertence à verdadeira fé?

Sempre que a palavra "fé" aflora aos lábios de alguém, aparece outro e diz com desprezo: *fé significa não saber*. Ou seja: a fé é mais para ingênuos; pessoas inteligentes dispõem de conhecimento.

Questão 21: Fé – o que é isso?

Quanto à Igreja, existe o boato de que toda a sua existência se baseia em suposições *continuamente* indemonstráveis. As pessoas devem crer. Por certo, já não se põe alguém na fogueira por saber melhor, mas ainda existe sempre algo de herético quando alguém diz: "Deus?... Bem, para mim, trata-se muito mais de uma 'fórmula original'". Isso também não tem sua justificativa? Se "Deus" é, de fato, algo tão importante como sempre afirmam as religiões, então seus intelectuais devem expressar com precisão este nebuloso conceito. Assim, gostaríamos de ouvir: a fórmula original para Deus é $e^{i\pi} + 1 = $ Deus. Algo assim, nesta direção. Então, teríamos uma prova evidente ao alcance da mão e já não teríamos de perder tempo com "crer", pois já saberíamos!

Suponhamos que a fórmula estivesse correta. Nós saberíamos! O que aconteceria depois de sua publicação na *Physical Review*? As pessoas iriam converter-se, cairiam de joelhos e adorariam a maravilhosa fórmula? Aposto que não! As pessoas diriam: Aham! E guardariam a coisa naquela remota região cerebral na qual já se encontra armazenada a lei da gravidade. Nenhuma pessoa faria algo parecido ao que fizeram os 49 cristãos no ano 304, quando arrastados diante do imperador Diocleciano. Foram interrogados em Cartago porque haviam sido pegos durante a santa missa. Foi-lhes dada uma última oportunidade: podiam abjurar seu Deus e, formalmente, homenagear um pouco o imperador. Eles não fizeram isso, mas disseram: "Não podemos viver sem o Domingo". Isso custou-lhes a vida.

Quanto à fé, parece ser algo incomparavelmente mais precioso do que estar informado sobre determinados fatos. Vamos formular assim: não se trata de *saber a respeito* de Deus, mas do *relacionamento* com Deus. Tomemos um exemplo grosseiro. Alguém chega e afirma na minha cara: "Sua mãe é uma vadia!".

Questão 32: O que significa "Deus é a Verdade"?

1.7: Por que eu deveria crer em Deus?

Questão 454: Em que medida a verdade da fé compromete?

Questão 20: Como podemos responder a Deus quando ele nos aborda?

FÉ →

Questão 22: Como se crê?

> Crer como cristão é confiar no sentido que sustenta a mim e ao mundo; assumi-lo como o fundamento sólido sobre o qual posso ficar sem ter medo.
>
> **Papa Bento XVI**

Isso desgosta-me profundamente, embora eu não tenha acompanhado minha mãe sempre e por toda parte nos últimos cinquenta anos e, portanto, *não possa provar*, efetivamente, que minha mãe seja a pessoa mais amável e confiável em toda a terra. Entre mim e minha mãe, reina uma profunda relação de confiança, e jamais deixaria que manchassem a memória de minha mãe. Mesmo em se tratando de Deus, o *relacionamento de confiança* é o elemento principal. Aliás, a palavra alemã GLAUBE [fé] provém da raiz indo-germânica *leubh* – que significa, mais ou menos, "querer bem a", "expressar o bem-querer", "dizer que algo é bom", "louvar".

Eis que chegamos ao ponto. A fé significa querer bem a Deus, expressar o bem-querer a Deus, dizer que Deus é bom, louvar a Deus. Hoje em dia, se um número cada vez maior de jovens descobre o louvor, é porque estão no ardente coração da fé. Em todo caso, estão mais próximos dela do que os arrogantes que andam à busca do Absoluto nas bibliotecas.

> Seres humanos e coisas humanas, é preciso conhecê-los para amá-los. Deus e as coisas divinas, é preciso amá-los para conhecê-los.
>
> **Blaise Pascal** (1623–1662), filósofo e matemático

A fé não é uma invenção da Igreja. Se é uma invenção, então é de Jesus. No Evangelho de João, diz-se mais de uma vez: "Quem *acredita* em mim" – Sim, o que acontece? – "tem a vida eterna" (Jo 6,47), "ainda que morra, viverá" (Jo 11,25), "fará as obras que faço, e fará obras maiores do que estas" (Jo 14,12).

Isso é demais! Com a maior naturalidade, Jesus relaciona o *acreditar* a si mesmo! Sempre me espantou o fato de que ninguém protesta quando Jesus diz: "Eu sou o Caminho, a Verdade e a Vida" (Jo 14,6). *Eu*! Não é que ele diga: eu conheço um caminho, eu conheço a verdade, tenho um pouco de experiência com a vida. Não – *eu sou*! No fundo, Jesus deixa-nos apenas duas possibilidades: ou *creio nele* e aposto tudo nesta carta, ou considero-o o Donald Trump da religião. Diz o papa Bento: "Acreditar significa abandonar-se a Deus".

Questão 71: : Por que se chama de "Evangelho", isto é, "Boa Notícia", a narrativa sobre Jesus?

> Se os santos que estão no céu pudessem voltar à terra mais uma vez, inflamados de amor, eles estariam incansavelmente atentos em promover a difusão da fé em todo o mundo, com o propósito de anunciar ao mundo o infinito amor de Deus pelas pessoas. Com efeito, mais do que qualquer habitante da terra, os santos sabem quanto o Pai, o Filho e o Espírito Santo são dignos de ser reconhecidos. No entanto, ficam extasiados quando veem com que glória é recompensado no céu todo gesto, até mesmo o menor, em prol da difusão da fé.

São Vicente Pallotti (1795–1850)

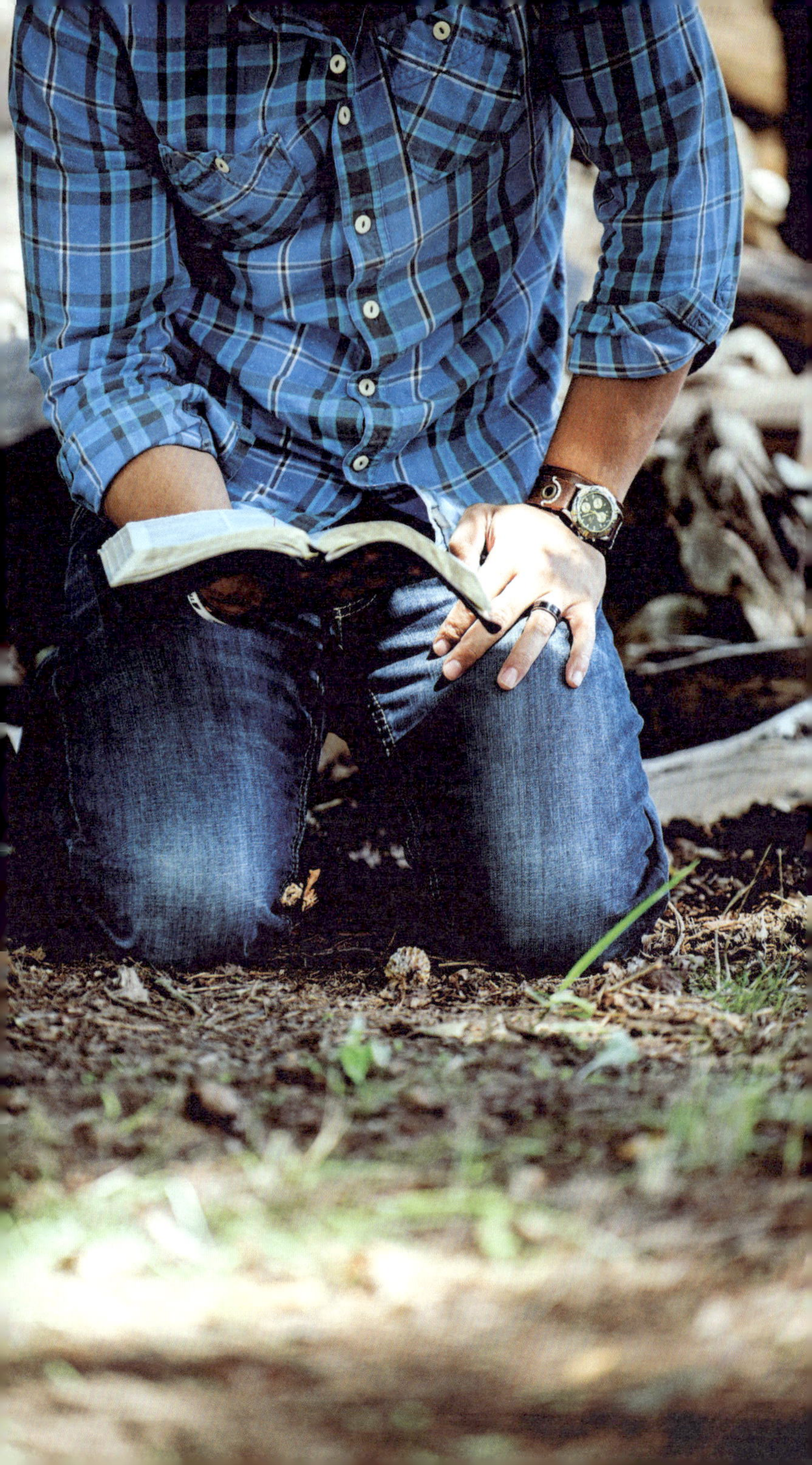

UNIDADE 4
CURSO SOBRE A FÉ

Para que serve a Bíblia?

Aqui se trata

de um tesouro escondido,

de um livro que deveria ser lido diariamente,

porque ele contém mais conteúdo

do que milhares de conselheiros,

e mais substância do que todos

os outros livros do mundo.

Antigamente, quando os monges criaram esta bela letra inicial, a Sagrada Escritura ainda era proibida na Igreja para pessoas comuns. Não é uma maluquice? "Desconhecer a Escritura é desconhecer a Cristo", já dizia o padre da Igreja Jerônimo. Como se chegou a isso? Na condição de simples cristão, ninguém lia a Bíblia; era *ouvida* exclusivamente durante a liturgia, em pequenas doses seguidas de comentários da Igreja.

Questão 17: Que significado tem o Antigo Testamento para os cristãos?

Questão 18: Que significado tem o Novo Testamento para os cristãos?

O monge e inquisidor dominicano **Melchior Cano** é uma figura como que tirada de *O nome da rosa*. Quando, em 1559, um bispo espanhol exigiu a tradução da Bíblia na língua nacional, Cano interveio e advertiu que isso poderia levar a situações como na Alemanha, onde Martinho Lutero, quarenta anos antes, havia traduzido a Bíblia para o alemão. A Bíblia não seria para "mulheres de carpinteiros": "Ainda que as mulheres anseiem, com insaciável apetite, comer desse fruto, é necessário proibi-las e postar diante dele uma lâmina flamejante, a fim de que as pessoas não possam alcançá-lo". Teresa d'Ávila, a grande reformadora da Igreja no século XVI, também foi afetada por tal proibição e, em consequência disso, sofreu horrivelmente. Contudo, à noite, teve uma inspiração que muito a consolou: "Então o Senhor me disse: 'Não se aflija, pois eu lhe darei *um livro vivo*'".

❝❝ Como seria se sempre tivéssemos conosco uma Bíblia ou uma edição de bolso do Evangelho, tal como nosso celular? O que aconteceria se tratássemos a Bíblia exatamente como lidamos com nosso celular? Se voltássemos para pegá-la, porque a esquecemos em casa, se a tomássemos mais de uma vez nas mãos durante o dia, se lêssemos as mensagens de Deus na Bíblia, tal como lemos as mensagens no celular?

Papa Francisco

Os ataques do inquisidor Melchior Cano devem ser lidos menos como registro da opressão das mulheres do que como ataque ao povo. Naquela época, como hoje, as mulheres interessavam-se mais do que os homens pela religião. Talvez se pensasse que as mulheres iriam ler e discutir a Bíblia ardorosamente; e se elas, depois, ainda se deixassem contaminar pela Reforma, então surgiria uma nova igreja em cada esquina. Com efeito, Lutero havia estabelecido o famoso princípio *Sola Scriptura*: um cristão só precisaria da Escritura, e não, adicionalmente, das interpretações dos sacerdotes. A Bíblia seria autoexplicativa. Com efeito, já nos tempos de Lutero, o movimento reformatório enredava-se em uma porção de variadas formas de interpretação. Todos queriam seguir a Bíblia. Contudo, de fato, uns seguiam a interpretação de Calvino, outros a de Zuínglio, outros, ainda, a interpretação de Thomas Müntzer ou de John Knox...

Questão 130: São também nossas irmãs e irmãos os cristãos não católicos?

Questão 16: Como se lê a Bíblia corretamente?

Já faz tempo que a Igreja reconheceu o erro de ter mantido a Bíblia em segredo, como se fosse uma peça de literatura perniciosa. Hoje é perfeitamente normal que o papa Francisco incentive os jovens católicos a lerem intensamente a Bíblia: "Vocês têm nas mãos, portanto, algo divino: um livro como fogo, um livro no qual Deus fala. Por isso, recordem-se: a Bíblia não foi feita para ser colocada em uma prateleira, mas para ser levada nas mãos, para ser lida frequentemente, a cada dia, quer sozinhos, quer acompanhados. Além disso, acompanhados vocês praticam esportes, vão ao *shopping*; por que então não ler juntos, em dois, em três ou em quatro, a Bíblia? Quem sabe ao ar livre, mergulhados na natureza, no bosque, na beira do mar, de noite, à luz de velas... Vocês fariam uma experiência forte e envolvente!". Contudo, naturalmente, é preciso dizer: faz parte da história da culpa da Igreja o fato de ela, ao longo de séculos, não ter permitido que pessoas simples bebessem livremente da riqueza da Palavra de Deus.

No entanto, a Igreja não desistiu de um princípio: *a Bíblia é o livro da Igreja*. Ela cresceu a partir de sua vida; foi e permanece seu ventrículo. Diz o papa Bento: "Jamais podemos ler a Bíblia sozinhos. Encontramos demasiadas portas fechadas e resvalamos facilmente no erro. A Bíblia foi escrita pelo povo de Deus e para o povo de Deus sob a inspiração do Espírito Santo". Não devemos esquecer-nos da conexão viva com a Igreja, a fim de não nos fazermos senhores da Bíblia. "Para alcançar seu objetivo, até o demônio cita a Bíblia", dizia Shakespeare.

Questão 19: Que papel desempenha a Sagrada Escritura na Igreja?

1.4: Qual é a diferença entre a Bíblia e o Corão?

Mas o que é, exatamente, a "Palavra de Deus"? Tudo o que Deus nos tem a dizer, disse-nos por Jesus Cristo. Ele é a revelação das revelações e a própria "Palavra de Deus". Temos acesso à Palavra de Deus na forma escrita, na *Sagrada Escritura*, e na forma oral, na *Tradição* (ou *transmissão*) *apostólica*. Pode-se imaginar isto concretamente: até o ano 397 – quando o Sínodo de Cartago estabeleceu quais livros pertencem à Sagrada Escritura –, gerações de cristãos viveram praticamente sem o Novo Testamento. Viveram, portanto, sem a "Palavra de Deus"? Não, a Palavra estava viva neles, "eficaz e mais penetrante que qualquer espada de dois gumes" (Hb 4,12). Do contrário, eles não teriam sobrevivido às catacumbas e aos cruéis jogos circenses da Antiguidade.

Questão 10: Ficou tudo dito com Jesus Cristo ou prosseguirá a revelação depois dele?

Hb 4,12

> Ler o Evangelho e ler sempre de novo, continuamente, a fim de ter sempre mais diante dos olhos o espírito, os gestos, as palavras, os pensamentos de Jesus, para poder pensar, falar, agir como Jesus e seguir-lhe o exemplo e as instruções.

Beato Charles de Foucauld (1858–1916)

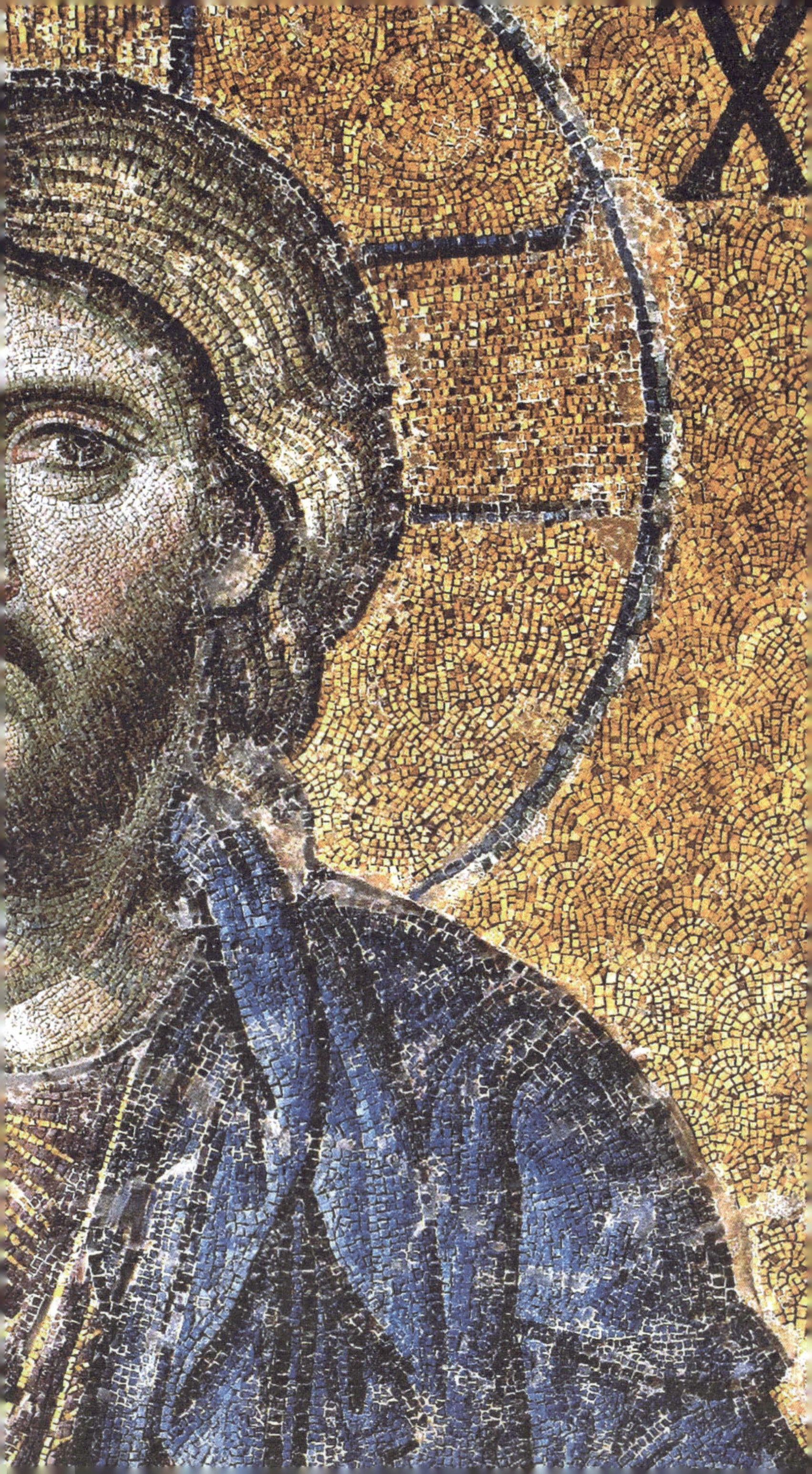

UNIDADE 5
CURSO SOBRE A FÉ

O que significa: Deus torna-se pessoa humana?

Aqui se trata,
talvez, do fato mais chocante
de todo o cristianismo, ou seja, há dois mil anos,
a Igreja atém-se à convicção
de que Deus se teria tornado tão humano
quanto qualquer bebê
que acaba de vir ao mundo.

Questão 9: O que nos mostra Deus quando nos envia seu Filho?

Questão 337: Como somos redimidos?

ENCARNAÇÃO

(do latim *caro, carnis* = carne): encarnação de Deus em Jesus Cristo. É o fundamento da fé cristã e da esperança na redenção humana.

Jean-Paul Sartre (1905–1980), filósofo francês, ao lado de Sigmund Freud, foi o segundo ateu e anticristão que marcou época no século XX. Sartre, posteriormente tão amargo e radical, queria estar entre aqueles que "fizeram de Deus uma hipótese ultrapassada que morrerá tranquilamente por si mesma". Pois bem, foi justamente Sartre quem – talvez melhor do que qualquer teólogo – explicou qual é o significado da humanização de Deus. A teologia fala da "ENCARNAÇÃO" (= tornar-se carne) de Deus. Por que Deus quis, pois, justamente tornar-se carne?

Quase não dá para acreditar, mas existe uma peça de teatro natalina escrita por **Sartre**. Chama-se *Barioná – o Filho do Trovão*. Sartre escreveu-a e encenou-a em 1940, quando era prisioneiro de guerra nas proximidades de Tréveris. A peça destinava-se à celebração do Natal no acampamento. Para Sartre, este período em Tréveris foi tocante. Ele aprofundou-se nos autores católicos Paul Claudel e Georges Bernanos ("As duas grandes descobertas que fiz no campo de prisioneiros foram *O sapato de cetim* e *Diário de um pároco de aldeia*. São os únicos livros que deixaram em mim duradoura impressão"), conheceu sacerdotes e sentiu-se "fraternalmente" ligado a eles: "Redescobri uma forma de vida coletiva que já não conhecia desde a escola normal, e é preciso dizer: ali, eu estava feliz". Sartre quase conseguiu preencher o vazio de sua alma, o grande trauma do pai. Contudo, ainda não deveria chegar tão longe. Em todo caso, Sartre escreveu *Barioná* a fim de, com ela, "criar a mais ampla comunhão entre cristãos e não cristãos".

❞ Seja como Deus: torne-se humano!

Dom Franz Kamphaus (*1932), bispo emérito de Limburg

> Deus era incompreensível, inacessível, invisível e inimaginável. Ele fez-se homem, aproximou-se de nós em uma manjedoura, a fim de que possamos vê-lo e compreendê-lo.

São Bernardo de Claraval (cerca de 1090–1153)

A peça contém uma passagem admirável na qual Sartre explica seu ateísmo. Ele faz Barioná dizer: "Um Deus-humano, um Deus de nossa carne humilhada, um Deus que estaria disposto a conhecer este gosto salgado que temos na boca quando o mundo inteiro nos abandona, um Deus que antecipadamente estaria disposto a sofrer o que hoje sofro... Ora, isso é absurdo!". Em outra passagem, faz Barioná falar: "Se Deus se fizesse humano por mim, então eu o amaria, a ele unicamente. Então haveria laços entre mim e ele, e nem todos os caminhos de minha vida seriam suficientes para agradecer; um Deus de nossa carne digna de ser amada, sofredora, um Deus que assumiria o sofrimento que hoje padeço. Sim, se Deus se tornasse humano para mim, então eu o amaria... Mas que Deus seria tão tolo a esse ponto?".

Questão 76: Por que motivo Deus se tornou homem em Jesus Cristo?

Questão 33: O que significa "Deus é amor"?

Questão 402: O que é o amor?

❝ Deus é tão grande que pode fazer-se pequeno. Deus é tão poderoso que pode fazer-se inerme, e como criancinha indefesa, vir a nós, para que possamos amá-lo.

Papa Bento XVI, 24.12.2005

E a Maria de Sartre diz: "Este Deus é meu filho. Esta carne divina é minha carne. Foi feito de mim, tem meus olhos, e esta forma de sua boca é também a forma da minha. Parece-se comigo. É Deus, e parece-se comigo... E nenhuma mulher teve seu Deus para si somente desta maneira. Um Deus totalmente pequeno, que se pode tomar nos braços e cobrir de beijos, um Deus totalmente cálido, que sorri e respira, um Deus que se pode tocar e que vive".

Questão 82: Não é chocante chamar "Mãe de Deus" a Maria?

Questão 13: Pode a Igreja enganar-se em questões de fé?

MONOFISISMO →

SUBORDINACIONISMO →

ADOCIONISMO →

DOCETISMO →

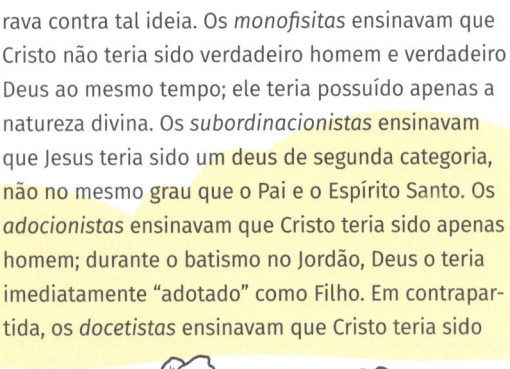

Nenhuma frase da Sagrada Escritura causou mais escândalo dentro e fora da Igreja do que Jo 1,14: "E a Palavra (= Deus) se fez *carne* e armou sua tenda entre nós". Para os gregos, amantes do espírito, que haviam acabado de erradicar seu absurdo panteão, um Deus que se faz carne era simplesmente chocante. E mesmo na Igreja, uma heresia após outra disparava contra tal ideia. Os *monofisitas* ensinavam que Cristo não teria sido verdadeiro homem e verdadeiro Deus ao mesmo tempo; ele teria possuído apenas a natureza divina. Os *subordinacionistas* ensinavam que Jesus teria sido um deus de segunda categoria, não no mesmo grau que o Pai e o Espírito Santo. Os *adocionistas* ensinavam que Cristo teria sido apenas homem; durante o batismo no Jordão, Deus o teria imediatamente "adotado" como Filho. Em contrapartida, os *docetistas* ensinavam que Cristo teria sido realmente Filho de Deus, mas que se serviu de um corpo aparente; por conseguinte, também apenas aparentemente teria morrido na cruz.

Nestório, bispo e patriarca de Constantinopla no século V, foi destituído de seu ministério durante o Concílio de Éfeso porque persistia em que não poderia confessar "um Deus de dois ou três meses de idade". A Igreja sempre se ateve a que Jesus de Nazaré, nascido da Virgem Maria, é "ao mesmo tempo verdadeiro homem e verdadeiro Deus". E isso nem sempre foi fácil!

Questão 77: O que significa dizer que Jesus Cristo é, ao mesmo tempo, verdadeiro Deus e verdadeiro homem?

> Este homem ou era e é Filho de Deus ou é louco. Você pode silenciá-lo como a um tolo, pode cuspir nele e matá-lo como a um demônio; ou pode cair-lhe aos pés e chamá-lo de Senhor e Deus. Mas não me venha com esta tolice condescendente de que ele seria um grande mestre humanista. Ele não nos deixou esta alternativa. Não tinha esta intenção.

escritor **C. S. Lewis**, inglês, a respeito de Jesus

Em determinado momento, imagino se eu tivesse que adorar um Deus que se tivesse mantido fora da imundice desta terra! Tornar-me-ia imediatamente ateu. No entanto, sei que é verdade aquilo por que Sartre ansiava – "um Deus que se pode tocar e que vive". Deus recebeu um rosto humano.

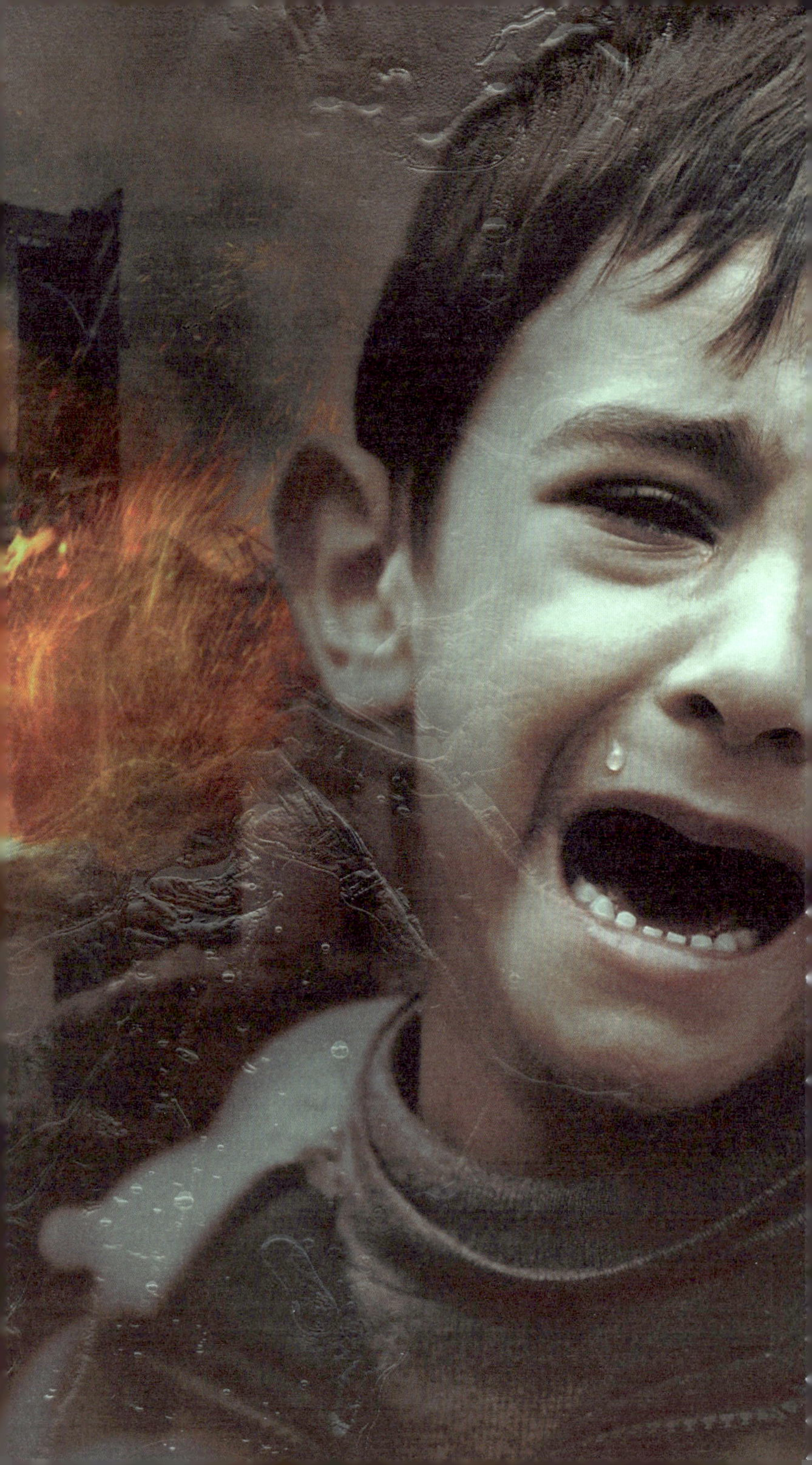

UNIDADE 6
CURSO SOBRE A FÉ

Por que existe o sofrimento?

Aqui se trata

dos sofrimentos dos pobres,

das dores dos doentes

e das lágrimas das crianças,

sobre os quais nenhuma teologia

pode passar desatenta

sem que não seja desacreditada

e se torne, literalmente, impossível.

Um casal jovem espera ansiosamente o bebê. A criança nasce. Sem os braços. Por que Deus permite isso? Certa vez, provoquei um velho sacerdote com uma série de catástrofes que haviam acontecido justamente perto de mim. Ele só meneava a cabeça e dizia, com voz tranquila, uma única frase: "Deus não comete erros". Tive de engolir, mas não consegui acostumar-me com isso por muito tempo. Mais tarde, conheci a mãe de uma criança com síndrome de Down. Disse-me: "Não gostaríamos de trocar Félix por nenhuma outra criança no mundo. Ele é a alegria de nossa família...".

TEODICEIA ➡

Desde **G. W. Leibniz** (1646–1716), existe a palavra TEODICEIA (do grego: "justificação de Deus") para a questão de como um Deus bom é compatível com o sofrimento no mundo. Todos devem haver-se com esse tipo de sofrimento, quer levem em conta a Deus, quer não. *Quem não acredita* considera a vida, possivelmente, como um jogo de sorte, no qual alguns – paciência! – levam azar. Não pode ser assim, dizem, pois, os cristãos. A lágrima de uma única criança pulverizaria o sentido do universo caso não viesse aquele que enxuga "toda lágrima dos olhos deles" (Ap 21,4). No entanto, os cristãos também não dispõem de nenhuma fórmula infalível no bolso com a qual possam afastar magicamente o mal e provar a bondade de Deus. Tal como as demais pessoas, também os cristãos ficam perplexos diante das incompreensíveis variantes da miséria inocente. Não apenas as pessoas sofrem, mas também os animais; em certo sentido, toda a criação padece. Contudo, os cristãos acreditam que a vida vale a pena, sim, que toda vida concedida por Deus vale a pena. Contudo, eles têm que aturar perguntas maliciosas: "Onde estava, pois, o Deus de vocês quando aconteceu isso e aquilo?". O que eles fazem, então?

Questão 66: Estava no plano de Deus que o ser humano sofresse e morresse?

Ap 21

Eles reorientam a pergunta para Deus, às vezes entre lágrimas, outras vezes com um sussurro levemente rebelde, como o fez Romano Guardini (1885–1968): "Por que, Deus, para a salvação, precisas dos terríveis rodeios, o sofrimento dos inocentes, a culpa?". De resto, Guardini também dizia que, no Juízo Final, ele não apenas se deixaria questionar, mas também ele faria perguntas.

Isso não é, absolutamente, blasfemo. Já a Bíblia não conserva o sofrimento asseadamente distante de Deus. As pessoas entram num diálogo muitas vezes bastante perturbador com seu Deus, até mesmo acusando-o: "Senhor, por que estás tão longe e te escondes no tempo da angústia?" (Sl 10,1). Aí está o pobre Jó, de quem tudo é completamente tirado: "Clamo por ti, e não me

Questão 240: Que significado tinha a doença no Antigo Testamento?

Sl 10

> No sofrimento, o ser humano experimenta a força de Deus; na ação, ele apoia-se demasiadamente em si mesmo e torna-se fraco. No sofrimento, ele é purificado e, consequentemente, torna-se sábio e prudente.

Beato John Henry Cardeal Newman (1801–1890)

atendes; insisto, e nem olhas para mim" (Jó 30,20). O que diz Deus? "Meu pensamento não é o pensamento de vocês, e os caminhos de vocês não são os meus caminhos – oráculo de Javé" (Is 55,8). Somos indiferentes para ele? Deus realmente não comete erros?

Jó

Questão 40: Pode Deus fazer tudo? Ele é onipotente?

A questão sobre Deus e sobre o sofrimento permanece um mistério que está reconhecidamente envolto em uma série de certezas. Sabemos: Deus é todo-poderoso, do contrário não seria Deus. Sabemos: Deus fez o mundo bom.

Questão 51: Se Deus tudo sabe e tudo pode, por que não evita o mal?

Para nós, justificadamente, o fato de existirem o mal e o sofrimento parece-nos como perturbação, ruptura, como algo que simplesmente não deve acontecer. A Sagrada Escritura vê o mundo basicamente envenenado pelo mal, cujo originador não é e não pode ser Deus. Deus é inimigo do mal; ele tem "projetos de paz e não de sofrimento" (Jr 29,11). Em Isaías, diz-se até mesmo: "Qual mãe que acaricia os filhos, assim vou dar-vos meu carinho" (Is 66,13).

Jr 29,11

Is 66,13

Questão 241: Por que revelou Jesus tanto interesse pelos doentes?

Mc 15,34

Sl 22

Por fim, todos os fios se juntam unicamente em Jesus. Em seu Filho, o próprio Deus entra no sofrimento de sua criação até o ponto radical em que o Filho moribundo grita em direção ao Pai: "Meu Deus, meu Deus, por que me abandonaste?" (Mc 15,34). Aquilo que soa como a mais abissal acusação contra Deus, na verdade, é o incrível Sl 22, que apenas em parte é o grito de alguém que foi traído; a outra metade, porém, é um hino de louvor singular ao Deus salvador: "Porque ele não desprezou a aflição do pobre, nem escondeu dele a sua face. Quando o pobre pediu auxílio, ele escutou" (Sl 22,25). O Pai não abandona seu Filho à morte; ele o ressuscita para nova vida – e com ele, todos os que nele acreditam. Assim diz Paulo: "E nós sabemos que tudo contribui para o bem daqueles que amam a Deus" (Rm 8,28).

1.36: Deus quer que as pessoas morram?

Rm 8,28

❞❞ Acima de tudo, pense nisto: seu sofrimento seria tão pesado quanto montanhas, se você devesse suportá-lo sozinho. No entanto, é um fardo que o Senhor o ajuda a carregar, e ele carrega você mesmo, juntamente com seu fardo.

Francisco de Sales (1567–1622)

UNIDADE 6: POR QUE EXISTE O SOFRIMENTO? 45

Certa vez, disse o teólogo evangélico **Dietrich Bonhoeffer** (1906–1945): "Creio que Deus pode e quer fazer brotar algo de bom de todas as coisas, mesmo das piores". Escreveu essa frase na câmara da morte na qual os nazistas haviam colocado os resistentes. Ali, quatro meses antes de sua execução (e em face da morte), ele também escreveu um poema, o qual enviou à sua noiva: "Maravilhosamente protegidos por forças boas, confiantes aguardamos o que possa acontecer... E estendes o duro cálice, o amargo cálice do sofrimento, cheio até a borda; agradecidos, então, de tua boa e amada mão, tomamo-lo sem tremer".

Questão 49: Porventura Deus guia o mundo e a minha vida?

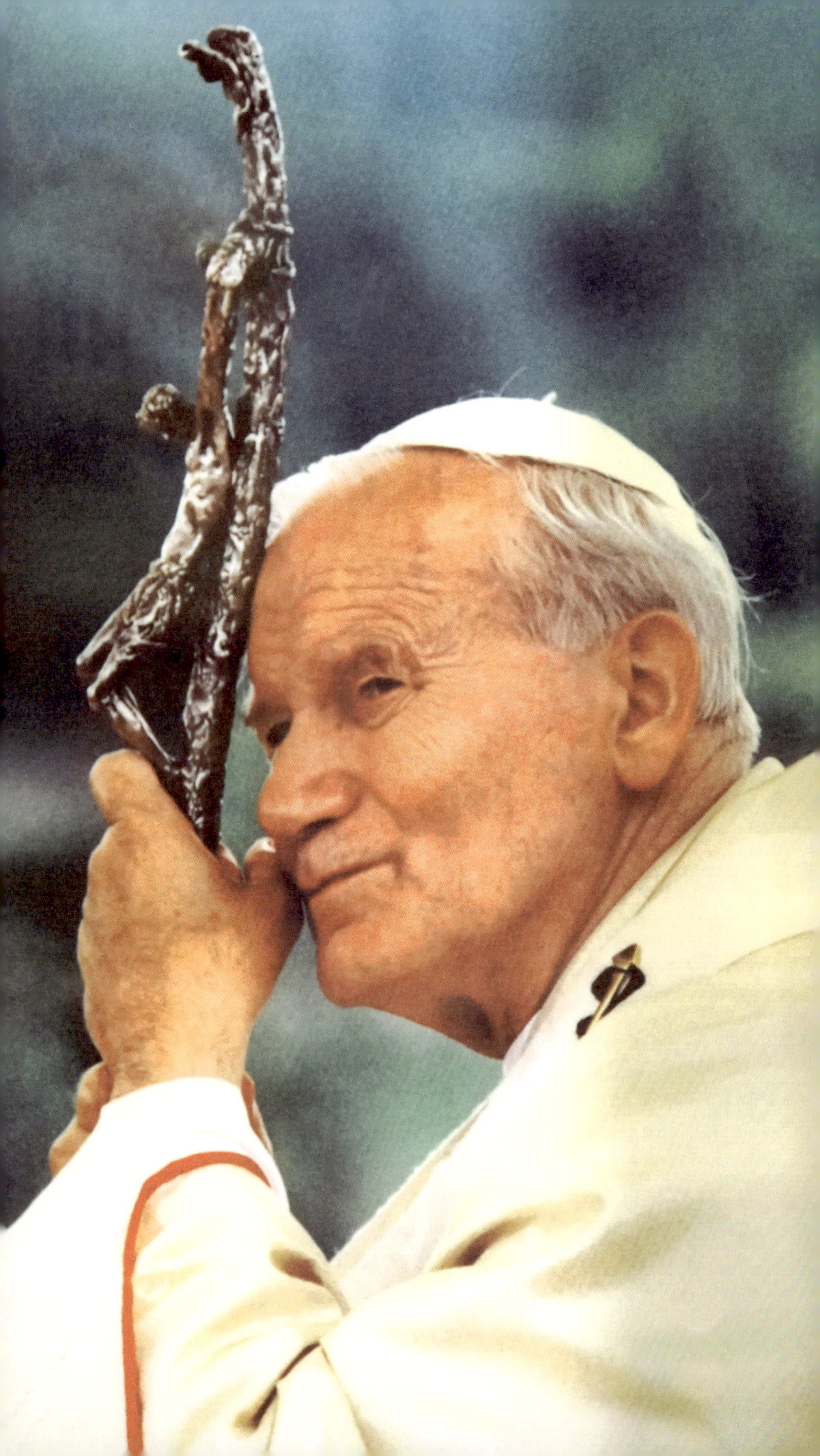

UNIDADE 7
CURSO SOBRE A FÉ

Por que a cruz?

Aqui se trata

da questão de por que os cristãos
escolheram, como seu sinal distintivo,
precisamente um dos mais brutais instrumentos
de tortura da Antiguidade, e por que eles
se ajoelham perante o sofrimento
de um criminoso condenado.

Questão 51: Se Deus tudo sabe e tudo pode, por que não evita o mal?

Os antonitas de Issenheim encomendaram ao mestre Grünewald uma obra de arte, um retábulo, cujo painel central consistia em uma crucifixão que excedia em cruel realismo tudo o que até então havia sido pintado: mãos em espasmos de dor, um corpo esquelético, apenas pele e osso, cheio de chagas e de pus, espinhos na cabeça, sangue e inúmeros ferimentos. Os religiosos colocaram o retábulo na capela e, diariamente, traziam os doentes incuráveis e colocavam-nos diante desse quadro. Para os doentes febris, que se contorciam de dores, ou para os pestilentos saturados de tumores de cor negra azulada, deveria parecer que ali estava um dentre eles pregado ao madeiro. Os antonitas consideravam a oração diante da cruz como uma *quasi medicina* – um tipo de remédio. Estariam eles zombando dos mais pobres entre os pobres? Será que é preciso, além de tudo, colocar diante dos olhos dos sofredores sua própria miséria?

Assim pensamos hoje, e seríamos mais propensos a ministrar aos moribundos analgésicos opioides e uma repetição interminável de um vídeo de Mr. Bean. Na Idade Média, as pessoas tiravam da QUASI MEDICINA, presumivelmente, três mensagens:
1. A mensagem da solidariedade de Deus.
2. A mensagem: arrependa-se de seus pecados.
3. A mensagem da esperança da salvação fundamental.

Aquilo que, à primeira vista, soa horrível merece consideração mais atenta.

Ele carregou nossos pecados em seu corpo, no madeiro, a fim de que, mortos para os pecados, vivamos para a justiça. *Por suas feridas vocês foram curados.*

1Pd 2,24

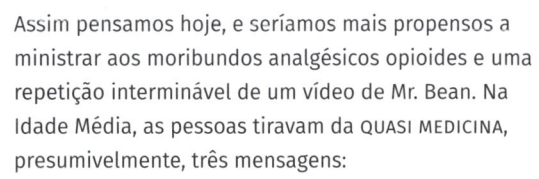

Quanto à mensagem n. 1: Quando alguém se encontra em grande sofrimento, a dor mais profunda, muitas vezes, consiste em que a pessoa se sente abandonada por Deus e pelos semelhantes. Agora devo passar por isso sozinho! É reconfortante ter outros sofredores por perto. E é duplamente consolador quando Deus está presente. Em caso de emergência, o que devo fazer com um Deus que está rodeado pela dança de espíritos bem-aventurados, mas que pelo menos em um lugar nunca esteve: em meu sofrimento? Antigamente se dizia: *ofereça seu sofrimento junto ao sofrimento de Cristo*! Traduzido em língua moderna: mude seu sofrimento em um dom para os outros, faça isso juntamente com Jesus, que sofreu na cruz por você, que fez da própria morte um presente para você, para sua salvação e para salvação de todo o mundo.

Questão 102: Como podemos também nós assumir o sofrimento da nossa vida, tomando "a cruz sobre nós" e seguindo Jesus?

> A cruz de Cristo é um tipo de fardo como o são as asas para os pássaros. Elas os levam para o alto.

São Bernardo de Claraval (cerca de 1090–1153)

Quanto à mensagem n. 2: Quem conhece pessoas que encaram a morte frequentemente experimenta que as dores espirituais são as maiores: a dor de não poderem desfazer sua biografia: os ferimentos que causaram, as pessoas que abandonaram ou a quem ficaram a dever. No arrependimento de uma vida decaída, amiúde despedaçada, é consolador olhar para aquele que faz tudo bem, que também gostaria de fazer de minha história uma história absolutamente boa. Nem que seja no último instante: "Na cruz está a salvação, na cruz está a vida, na cruz está a esperança" (Liturgia da Sexta-feira da Paixão).

Questão 229: O que faz uma pessoa arrependida?

Quanto à mensagem n. 3: Com frequência, os cristãos morrem com uma cruz na mão ou com uma cruz ao alcance da vista. Com Jesus, olha-se... para o último ponto da vida – e este não consiste em um funeral na terra, no mar ou uma cremação. Este remate da vida é a ressurreição dos mortos. "A verdadeira revolução que muda radicalmente a vida foi realizada por Jesus Cristo com sua ressurreição: com a cruz e a ressurreição", diz o papa Francisco.

Questão 108: O que mudou no mundo com a ressurreição?

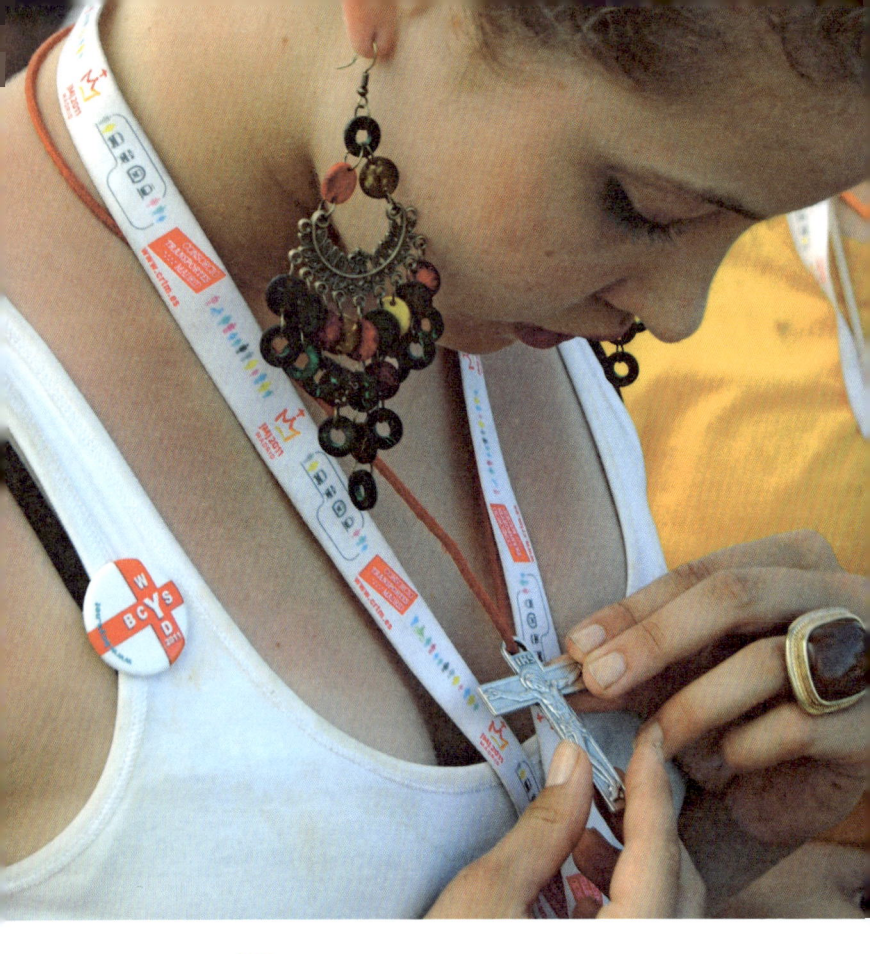

> A sabedoria eterna de Deus, desde a eternidade, previu a cruz que ele lhe envia do fundo do seu coração, como um presente precioso! Antes de enviá-la a você, ele contemplou-a com seus olhos oniscientes, meditou-a com seu divino intelecto, examinou-a com sua sábia justiça, aqueceu-a com braços carinhosos, sopesou-a com as duas mãos; talvez não fosse de um milímetro demasiado longa ou de um miligrama demasiado pesada. Depois, abençoou-a no seu santíssimo nome, ungiu-a com sua graça e perfumou-a com sua consolação. E, ademais, ainda olhou para você e para sua coragem – e, assim, finalmente, ela vem a você, do céu, como uma saudação de Deus para você, como uma esmola do amor todo misericordioso.

São Francisco de Sales (1567–1622)

Esmola ➡
Dom da misericórdia

A pergunta sobre como escapar do sofrimento é feita em todas as religiões da terra. Podemos também continuar perguntando até a morte. Por um momento, imagino que, em vez de encomendar uma cruz ao mestre Grünewald, os antonitas poderiam ter adquirido um Buda numa loja de presentes e reunir os doentes diante de sua sorridente tranquilidade de espírito. No budismo, diz-se concisamente: "Viver é sofrer", e esse sofrimento não acabará enquanto não nos tivermos livrado da causa de todos os sofrimentos, que são as cobiças (= desejos). Eu, porém, não gostaria de tornar-me perfeitamente (in)feliz, mas alcançar a meta mais profunda de meus desejos: ser inteiramente são. Gostaria de ter vida, vida em abundância, vida sem fim. Não gostaria de desabituar-me da vida, não gostaria de contar a reserva de minhas alegrias até que se tenham acabado. Sou cristão; não importa em que dificuldade eu possa cair – eu sei: sairei são e salvo desta prisão.

Certa vez, o arcebispo Hélder Câmara disse: "Uma pessoa sem religião é como um andarilho sem meta, um indagador sem resposta, um lutador sem vitória e um moribundo sem vida nova". O bispo Câmara teria dito melhor: "sem a religião cristã". Quanto mais a cruz for afastada das salas de aulas, dos tribunais e dos picos das montanhas, tanto mais santamente devem os cristãos conservar em seus corações a imagem do Crucificado, pois é uma imagem diante da imagem maior da alegria, do nascer do sol: a ressurreição.

Questão 136: Como vê a Igreja as outras religiões?

Eu vim para que tenham vida, e a tenham em abundância.
Jo 10,10

Questão 281: Por que desejamos a felicidade?

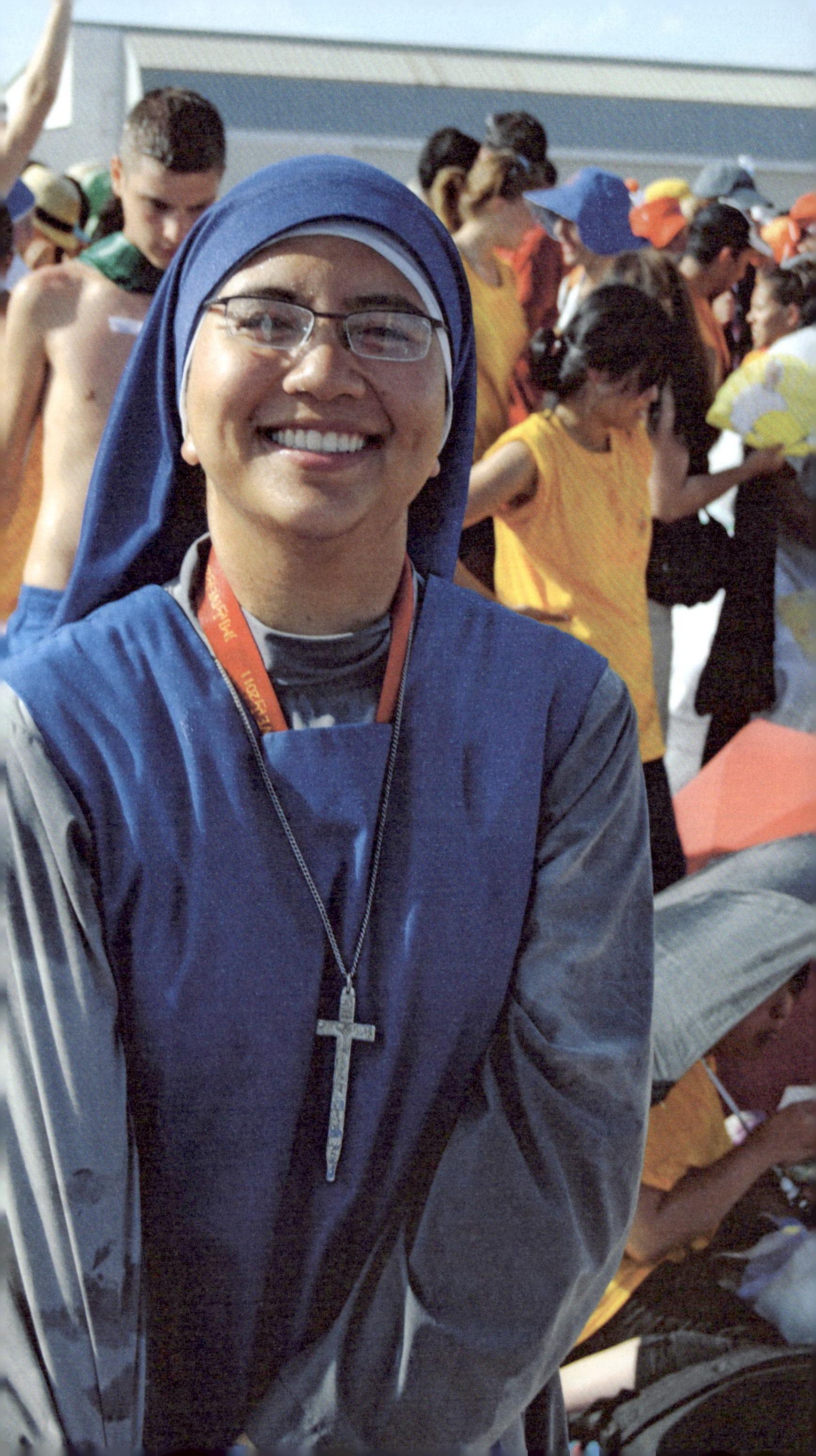

UNIDADE 8
CURSO SOBRE A FÉ

Para que precisamos da Igreja?

Aqui se trata

do que é a Igreja:

um aspecto exterior e um mistério.

Algo humano e divino ao mesmo tempo.

Uma correnteza pela qual

a verdadeira vida flui para nós.

Um lugar para partilhar o amor.

Um lar da alegria.

Questão 121: O que significa "Igreja"?

Lc 1,38

Questão 128: O que significa dizer que a Igreja é o "templo do Espírito Santo"?

Quem quiser compreender o mistério mais íntimo da Igreja contemple este ícone: à primeira vista – um ícone de Maria. Desde os tempos mais antigos, Maria é considerada "modelo" da Igreja. Por quê? Seu corpo foi a primeira morada de Deus quando se fez carne. Ainda mais: Jesus era toda a razão da vida de Maria. Ela estava ao redor dele – ele estava nela. Exatamente assim deve ser a Igreja: um lugar no qual o Ressuscitado possa viver. Um lugar de amor pleno e de disponibilidade. Tal como antigamente, quando Deus bateu à porta de uma jovem na Galileia. Deus buscava um lugar para estar no mundo. "Faça-se em mim como você me disse", respondeu Maria ao anjo de Deus.

Deus não procurou apenas nos tempos antigos um lugar no qual Jesus pudesse viver sua vida. Ele o procura também hoje entre nós. É por isso que também se diz que a Igreja é "templo do Espírito Santo". A palavra "templo" significa algo assim como "espaço sagrado". Certamente, Deus está presente em toda parte, mas muitas vezes é difícil discernir se estamos lidando com algo divino ou com algo meramente humano. É fascinante quando lemos, na Sagrada Escritura, que Deus realmente quer "habitar" entre nós. Fazer Deus "sentir-se em casa" entre nós é nossa tarefa comum. Contudo, não somos nós mesmos que devemos construir um templo. Para isso, temos vários colaboradores. No final das contas, é o próprio Deus, o Espírito Santo, que, dia e noite, construiu e constrói a morada de Deus entre nós.

A Igreja não tem nenhuma outra razão de viver senão o próprio Jesus. Devemos apenas estar aí – ao redor de Jesus – e permitir que ele aja. Então, somos a Igreja. No Evangelho de Lucas, diz Jesus: "Minha Mãe e meus irmãos são estes: os que ouvem a Palavra de Deus e a põem em prática" (Lc 8,21). Diz o papa Bento XVI: "A Igreja é a família de Deus no mundo".

Eles reconhecerão que eu, o Senhor, sou o seu Deus que os fez sair do Egito para morar no meio deles – eu, o Senhor, seu Deus.
Ex 29,46

2.1: O que é a Igreja? Quem faz parte da Igreja?

Lc 8,21

A Igreja é, portanto, antes de tudo, o Jesus vivo, que hoje vive entre nós – e somente então vem sua "família", vimos nós, imperfeitos, pecadores, que podemos ser "um corpo" juntamente com Jesus.

Questão 126: O que significa dizer que a Igreja é "o corpo de Cristo"?

Sim, Jesus está envolvido conosco de modo tão profundo que, de certa maneira, somos "um corpo" com ele. Atesta-o a Sagrada Escritura em diversas passagens. Santo Agostinho (350–430) pronunciou uma profunda frase a respeito do que acontece quando recebemos a santa comunhão: "Recebam o que vocês são: *o corpo de Cristo*, a fim de que se tornem o que recebem: *o corpo de Cristo*".

Vou fazer de você uma grande nação e abençoá-lo. Engrandecerei o seu nome. Seja uma bênção.
Gn 12,2

No Concílio Vaticano II, despertou-se para uma nova vida uma antiquíssima imagem da Igreja, a imagem do (novo) "povo de Deus", que "prossegue a sua peregrinação no meio das perseguições do mundo e das consolações de Deus". O antigo povo de Deus significava o povo de Israel, com quem Deus havia percorrido um longo caminho. Sem se esquecer do povo de Israel, Jesus Cristo criou para si um novo povo, que leva consigo pessoas de todos os povos e culturas pelo caminho para Deus.

Quando se observa a Igreja hoje, fica-se impressionado perante o que ela se tornou nesses dois mil anos. Poder-se-ia quase perder de vista o panorama. Às vezes, consideramos a enorme *instituição*, vemos catedrais e cúpulas, sacerdotes e bispos, ouvimos falar de taxas da Igreja ou da Caritas. Em seguida, contemplamos novamente a *realidade espiritual* da Igreja, ouvimos falar de vocação e vemos pessoas que oram ou que consagram sua vida a Deus. Ambas as realidades caminham juntas: a *espiritual* e a *institucional*. Sem a instituição, a Igreja não poderia subsistir no mundo; ela precisa de dinheiro para poder ajudar, de espaços para reunir-se e de pessoas que têm uma missão específica. Entretanto, tudo isso seria apenas um aparato morto, insípido, se o espiritual – a realidade viva de Deus no Espírito Santo – não fosse o coração da Igreja.

> **Questão 138:** Como é edificada a Igreja una, santa, católica e apostólica?

> **Questão 119:** O que faz o Espírito Santo na Igreja?

> Do mesmo modo, vocês também entram como pedras vivas na construção de uma casa espiritual.
> **1Pd 2,5**

❝ Sim, é verdade que os escândalos da Igreja são e permanecem uma vergonha, um verdadeiro incômodo. Contudo, eles não são uma falha que surge casualmente no tecido, que se poderia corrigir com um pouco de boa vontade. O próprio Jesus relacionou-se com pessoas normais, até mesmo perigosas, em pé de igualdade com a criatura que pertencia ao submundo, Maria Madalena, com o cobrador de impostos Zaqueu, com a adúltera apanhada no ato, com gente ruim, como Judas, seu futuro traidor, com Pedro, que o negou três vezes antes que o galo cantasse. Se apenas mulheres puras e homens puros devessem pertencer à Igreja, provavelmente ela estaria vazia. Pelo menos eu não teria nenhuma chance de, algum dia, encontrar nela um lugarzinho: conheço-me, de mim se pode esperar tudo.

A Igreja concreta... não é nenhum clube dos perfeitos, mas é, segundo a vontade de Jesus, um lugar para a lenta transformação de pessoas totalmente normais. Pessoas que, de vez em quando, também jogam a toalha, que têm todo tipo de culpa no cartório, que precisam urgentemente ser chamadas à responsabilidade e melhoradas. Felizmente, Jesus assegurou-nos: "Não são as pessoas com saúde que precisam de médico, mas as doentes. Não é a justos que vim chamar, mas a pecadores" (Mc 2,17).

É que todos nós temos pequenos embaraços: um os tem com o dinheiro, outros com a verdade, um terceiro com o sexo, o quarto é pessoa de pouca confiança, o quinto é um cabeça-dura, e o sexto sou eu. Não saímos daí em marcha triunfal. Avançamos claudicando, cambaleando, rastejando. Mas prosseguimos. E juntos. Esta é a Igreja na qual me sinto bem.

Bernhard Meuser, Christsein für Einsteiger [Vida cristã para iniciantes]

Questão 123: Qual é a missão da Igreja?

A Igreja não tem um fim em si mesma. Deus não sente a menor alegria nela quando ela gira apenas em torno de si mesma. Ele instituiu-a em prol das pessoas. Ela deve ser "sinal e instrumento da íntima união com Deus e da unidade de todo o gênero humano" (*Lumen Gentium*). Precisamente neste processo, a Igreja não pode permanecer em si mesma: *ela deve servir as pessoas mediante o amor*: "Todas as vezes que vocês fizeram isso a um desses meus irmãos mais pequeninos, foi a mim que o fizeram" (Mt 25,40).

Mt 25,40

Unidade 8: Para que precisamos da Igreja? 59

A Igreja mantém inteiramente o foco se executa três tarefas fundamentais: *ela deve anunciar a Palavra de Deus*: "Proclama a Palavra, insiste oportuna ou inoportunamente, convence, repreende, exorta, com toda a paciência e com a preocupação de ensinar" (2Tm 4,2). Ela deve ministrar os sacramentos e celebrar a Eucaristia: estes são os lugares decisivos nos quais Deus trabalha em nós, transforma-nos, liberta-nos e salva-nos.

Questão 190: O que significa "Casa de Deus"?

2Tm 4

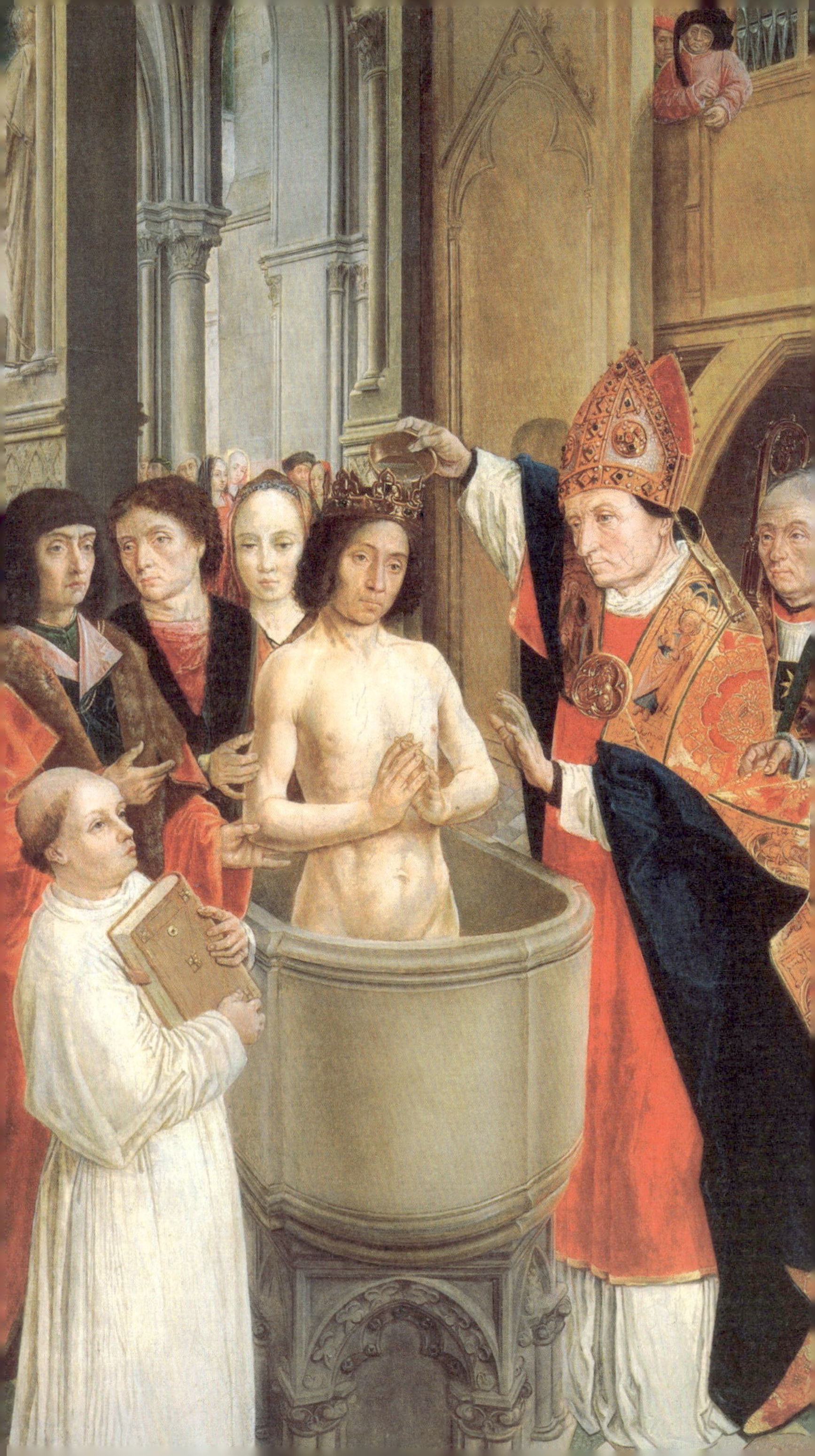

UNIDADE 9
CURSO SOBRE A FÉ

Por que os cristãos se batizam?

Aqui se trata

do fato de que a vida normal
cessa quando chega ao fim.
Quando, porém, alguém se torna cristão,
recebe no batismo o dom de uma vida,
uma vida régia,
que também já não se acaba
mesmo que amanhã o mundo
deixe de existir.

> **Johann Wolfgang von Goethe** (1749–1832) é considerado o mais importante poeta alemão.

Em seu tempo, o poema de Goethe "Erlkönig" ["O Rei dos Elfos"] foi terrivelmente chocante. Um pai cavalga com seu filho doente nos braços por "noite e vento". A criança fica inquieta, sente-se ameaçada por um demônio mortal, o Rei dos Elfos. O pai tenta tranquilizar a criança que chora desesperadamente, aperta-a mais firmemente nos braços e incita o cavalo à maior pressa. A balada termina com as palavras: "(Ele)... chega ao pátio com grandes dificuldades. Em seus braços, a criança estava morta".

Questão 197: Por que conserva a Igreja a prática do batismo das crianças?

O que move pais jovens quando tomam nos braços seu bebê a fim de trazê-lo para o batismo? É um anseio existencial que muito tem a ver com o Rei dos Elfos. Foi-lhes confiado um ser inocente. O mais profundo anseio do amor deles é preservar esta criança de tudo o que a possa prejudicar. Então, eles se voltam para Deus, o Senhor da Vida, e pedem-lhe sua bênção. Para muitos, isto é o batismo.

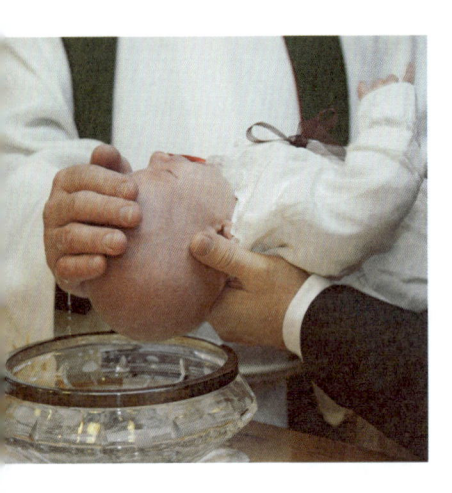

Isso não é apenas um pensamento piedoso? O que dizer de todas as mães cujos filhos foram mandados para a guerra, para de lá não mais voltar? Não caminhamos todos ao encontro da morte? "Nos braços, a criança estava morta" – não somos obrigados a experimentar isso com bastante frequência? A vida tem aspectos maravilhosos, mas nada podemos realmente conservar; tudo está ameaçado. E porque existe o pecado, nós nos arruinamos reciprocamente.

> O batismo é um dom, o dom da vida. Mas um dom deve ser acolhido, deve ser vivido. O dom da amizade exige dizer sim ao amigo e dizer não a tudo o que é incompatível com essa amizade, tudo o que é inconciliável com a vida da família de Deus, com a verdadeira vida em Cristo.
>
> **Papa Bento XVI**

UNIDADE 9: POR QUE OS CRISTÃOS SE BATIZAM?

Será que todo o amor, todo desejo de proteção (com ou sem a ajuda de Deus) não são debalde?

O batismo deve ser mais do que um desejo piedoso. Deve ser mais do que o ritualmente impregnado sentimentalismo da festa de um tio ou de uma tia em torno de um bebê docemente adornado, que não sabe o que lhe acontece. À parte isso, poderia ser dispensado.

Consideremos, por exemplo, a República do Mali. Não faz muito tempo, um sacerdote preparava ali quarenta adultos para o batismo. Nas últimas semanas da preparação que durava três anos, eles moravam perto da Igreja. Isso não era às escondidas. Certa noite, o pároco recebeu, por telefone, pesadas ameaças de militantes islamitas: se aquelas pessoas fossem batizadas, não se podia garantir nada. O padre deixou às pessoas a decisão de ir-se embora. Elas deliberaram entre si. Nenhuma se foi.

Questão 194: O que é o batismo?

Questão 198: Quem pode batizar?

2.26: Quais são as origens do islamismo?

Uma delas falou pelas outras: "Gostaríamos de ser batizados – com água ou com sangue!". Elas foram batizadas – com água. Quarenta pessoas arriscaram literalmente a vida para ser batizadas. E se um destacamento com metralhadoras, latas de gasolina e material incendiário

Batismo de sangue é sinônimo de martírio. Cristãos perseguidos durante o período romano foram, frequentemente, lançados para que os leões os devorassem. Caso ainda não tivessem sido batizados, seu martírio era considerado "batismo de sangue".

Questão 195: Como é celebrado o batismo?

invadisse a Igreja? Então elas teriam recebido o "batismo de sangue" e, desse modo, teriam sido ligadas a Cristo. Para os cristãos do Mali, o batismo era algo que justificava qualquer preço, até mesmo o da própria vida terrena.

* ن : Em 2014, em Mossul, a milícia terrorista Estado Islâmico marcou com esta letra as casas de cristãos (que eles denominavam نصراني *naṣrānī*, "nazarenos"). Consequentemente, tornou-se símbolo da perseguição aos cristãos, mas também das manifestações de solidariedade dos usuários das redes sociais na internet para com os cristãos perseguidos.
Wikipedia

Mt 28,19
Mc 16,16

E eles tinham razão. *O batismo dá vida para sempre.* Esta é a doutrina cristã. A Igreja responsabiliza-se por isso. Nisso, ela segue a Jesus, que, em Mt 28,19, exige o batismo e, em Mc 16,16 ("Quem crer e for batizado será salvo..."), fez dele a porta de entrada para a verdadeira vida. Este é o portal principal. Naturalmente, Deus também tem caminhos para as pessoas que não encontram o batismo. Desde então, a Igreja faz como Pedro, certa vez, nos Atos dos Apóstolos; ele exorta as pessoas à fé e conclama-as: "Arrependam-se! E cada um de vocês seja batizado em nome de Jesus Cristo, para o perdão de seus próprios pecados. E vocês receberão o dom do Espírito Santo" (At 2,38).

No ano 177, em Lião, um grupo de cristãos foi assassinado; entre eles, o diácono Sanctus. O juiz perguntou-lhe o nome, proveniência, profissão. Sanctus dava sempre uma única resposta: "Sou cristão".

Pode haver pessoas para as quais isso parece esquisito: por que cargas-d'água eu deveria estar ligado a esse Jesus, chegar até mesmo a revestir-me dele no batismo, como uma espécie de vestimenta (Gl 3,27)? A resposta é simples: porque Jesus é a única ponte entre a morte e a vida. Em uma drástica comparação: o batismo é como o último avião saindo do "caldeirão" de Stalingrado. Todos nós, seres humanos, encontramo-nos no caldeirão da morte. Não poderemos escapar da perdição que, em grande parte, nós mesmos atraímos para nós mediante o pecado e a maldade. Contudo, alguém entra voluntariamente no caldeirão.

Questão 200: O que acontece no batismo?

Em Jesus Cristo, Deus desceu à zona de morte a fim de partilhar conosco, seres humanos, toda a dimensão dos sofrimentos, para tomar sobre si nossos pecados e abrir-nos uma saída do reino da morte. Essa saída chama-se ressurreição. Jesus é o primeiro que morreu – *e mesmo assim, vive.*

Questão 199: Porventura, o batismo é o único caminho para a salvação?

O par da ressurreição de Jesus é o batismo. Nele, somos retirados do reino da morte para a vida sem fim. Assim, podemos atrever-nos a fazer uma audaciosa comparação: o batismo é como o avião que salva do caldeirão de Stalingrado. Quem diz isso? A carta aos Romanos: "Ou vocês não sabem que todos os que fomos batizados em Cristo Jesus, fomos batizados na sua morte? [...] Porque, se nos tornamos totalmente unidos a ele por meio de uma morte semelhante à sua, também nos tornaremos totalmente unidos a ele por meio de sua ressurreição" (Rm 6,3-5).

Rm 6,3–5

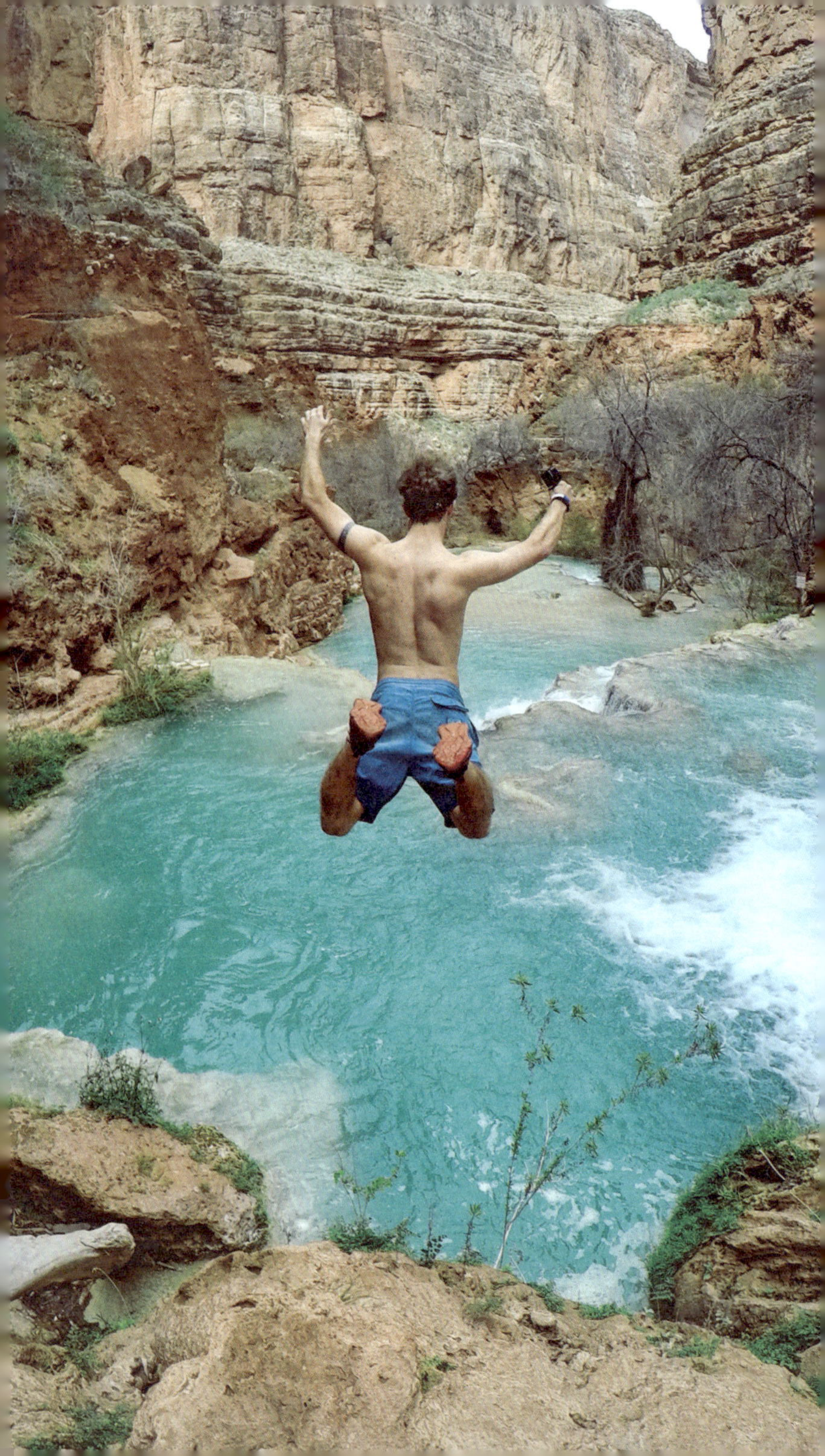

UNIDADE 10
CURSO SOBRE A FÉ

Por que os cristãos se crismam?

Aqui se trata

da aventura da fé.
É o Espírito Santo
quem lhe dá a coragem
e a força de
mergulhar de cabeça.

A respeito do sacramento da confirmação, existe uma maliciosa piada. Dois párocos conversam entre si sobre a praga de morcegos em suas igrejas: "Já tentei realmente de tudo", diz um dos párocos, "simplesmente não consigo livrar-me deles!". O outro interrompe-o: "É a coisa mais fácil do mundo. Eu confirmei-os. No dia seguinte, já não havia nenhum deles por lá!".

Questão 203: O que é a confirmação?

INICIAÇÃO
(do latim: introdução)

Nessa piada se esconde mais do que um grão de verdade. A confirmação é, juntamente com o batismo e a Eucaristia (primeira comunhão), um dos três SACRAMENTOS DA INICIAÇÃO da Igreja; alguns falam também do "sacramento da incorporação à comunidade católica" ou do "sacramento da maturidade". Então, soa como ironia se, com suave pressão, empurram-se os jovens para um sacramento que eles francamente não desejam ou com o qual, aparentemente, não sabem o que fazer. Caso contrário, não iriam embora no dia seguinte. Alguns falam de uma "mentira" institucionalizada" e exigem que se acabe imediatamente com esta "farsa"; outros são mais cautelosos e advertem que jamais se pode saber o que "resta" do Espírito Santo entre os jovens.

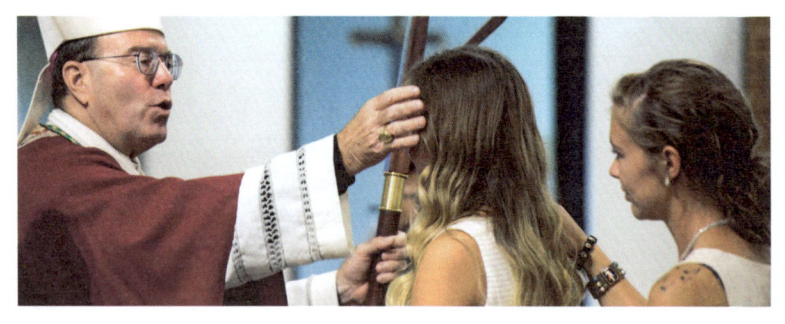

Questão 204: O que diz a Sagrada Escritura sobre o sacramento da confirmação?

Manifestamente, estaremos anos-luz distantes do sentido e da origem da confirmação se acreditarmos não poder livrar-nos dos mecanismos de um ritual vazio. Olhemos simplesmente para o Novo Testamento e para a prática da Igreja antiga! Na Samaria, na atual Cisjordânia, as pessoas tinham encontrado Cristo. "Os apóstolos que estavam em Jerusalém souberam que a Samaria acolhera a Palavra de Deus e enviaram para lá Pedro e João. Chegando ali, oraram pelos habitantes da Samaria, para que recebessem o Espírito Santo. *Pois o Espírito ainda não viera sobre nenhum deles*; só tinham recebido o batismo no nome do Senhor Jesus. Pedro e João impuseram-lhes as mãos, e eles receberam o Espírito Santo" (At 8,14-17).

Questão 118: O que aconteceu no dia de Pentecostes?

At 8

Paulo também "crisma", e reconhecidamente, na luxuosa metrópole comercial de Éfeso: "Aí encontrou alguns discípulos e perguntou-lhes: '*Vós recebestes o Espírito Santo quando abraçastes a fé?*'. Eles responderam: 'Nem sequer ouvimos dizer que existe o Espírito Santo!'. Então Paulo perguntou: 'Que batismo então recebestes?'. Eles responderam: 'O batismo de João'. Paulo disse-lhes: 'João administrava um batismo de conversão, dizendo ao povo que acreditasse naquele que viria depois dele, isto é, em Jesus'. Tendo ouvido isso, eles foram batizados no nome do Senhor Jesus. Paulo impôs-lhes as mãos, e o Espírito Santo desceu sobre eles. Começaram então a falar em línguas e a profetizar. Ao todo eram uns doze homens" (At 19,2-7).

1.36: O Espírito Santo desce sobre nós uma segunda vez na confirmação?

At 19

❝ Todos nós nos preocupamos com que nossas crianças sejam batizadas, e isso é bom, mas talvez não nos preocupemos tanto com que recebam a crisma. Desse modo, elas permanecem a meio caminho e não recebem o Espírito Santo, tão importante na vida cristã, pois ele nos dá a força para ir em frente.

Papa Francisco

Questão 207: Quem pode confirmar?

Qual é o nó da questão? Certa vez, um ministro da crisma expressou-o em uma fórmula um tanto populista. Com o batismo, aí está o carro; com a crisma, vem o *espírito* [produto da destilação, álcool]. Com a mesma palavra, designamos o Espírito Santo.

> **❝❝** O Espírito Santo age em nossa vida de modo que o impossível se torna possível, e o possível se torna impossível. **Jakob Abrell** (1934–2003)

Já no Novo Testamento, ficamos sabendo de suas realidades espirituais que estão intimamente interligadas, que formam juntas uma única coisa, mas que são transmitidas separadamente. Talvez se possa dizer assim: o batismo é, de preferência, um sacramento de Jesus; ele nos une, os seres humanos, com o Senhor ressuscitado de maneira tão profunda, que nós somos, para ele e para os outros cristãos, "um corpo" (o que é celebrado na Eucaristia). A crisma é, antes de tudo, um sacramento do Espírito. Na crisma, somos revestidos com o Espírito Santo – que também é o Espírito de Jesus.

Questão 59: Para que criou Deus o ser humano?

Vocês devem despir-se de sua vida antiga como de uma roupa velha. Vistam-se com a nova vida, como se vestem com uma roupa nova. Cada um deve reconhecer que agora vocês pertencem a Deus; portanto, vivam como ele gosta.

Ef 4,22–24 em nova tradução

O próprio Deus faz morada nos recônditos de nossa alma. Doravante, vivemos de uma fonte que é mais profunda do que nossos pensamentos mais íntimos. Experimentamos em nós um impulso que supera toda força de vontade. Em nós, Deus vive, Deus ama, Deus respira. E assim, já não pertencemos exteriormente a Jesus – por assim dizer, porque nós o achamos bom, porque somos seus admiradores, porque concordamos com seus ensinamentos. Não, como pessoas espirituais – pessoas que vivem a partir do Espírito –, estamos em um "relacionamento" autêntico com ele. Pertencemos-lhe.

Certa vez, o bispo **Stefan Oster** disse em uma pregação sobre a crisma: "Pertencer a ELE não significa simplesmente estarmos presos pela coleira de cachorro com que ele nos puxa atrás de si. Pertencer-lhe significa que somos seus amigos. Somos filhos de Deus. Pertencemos-lhe porque também nós, livremente, nos decidimos por ele". E mais adiante, diz ele aos crismandos: "Sejam especialistas em relacionamentos para o relacionamento com Deus e ajudem outros a descobrir-se nesse relacionamento. Devemos ser especialistas em relacionamentos para o relacionamento com Deus porque aprendemos, cada vez melhor, como se vive em relacionamento com Deus, como esse relacionamento cresce, como nós mesmos crescemos nele, como nós mesmos somos sustentados por ele. E devemos ajudar outras pessoas a envolver-se nesse relacionamento".

Questão 286: O que é a liberdade e para que existe?

Questão 340: Como se comporta a graça de Deus relativamente à nossa liberdade?

> Na mesma medida em que alguém ama a Igreja, tem o Espírito Santo.

Santo Agostinho (354–430)

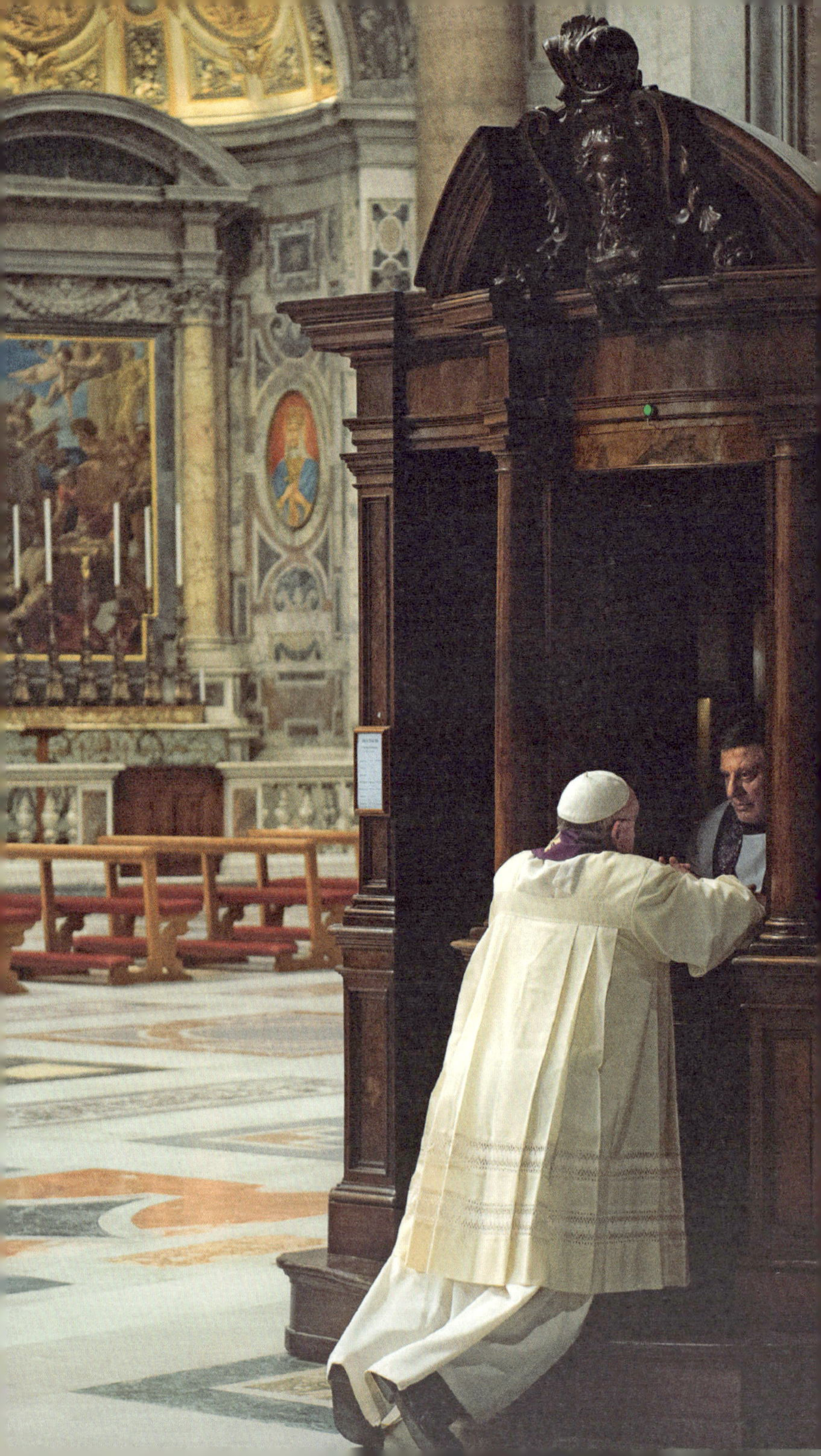

UNIDADE 11
CURSO SOBRE A FÉ

Como Deus nos reconcilia consigo e com as outras pessoas?

Aqui se trata

da questão de
por que até mesmo o papa se confessa
e por que ninguém pode ser cristão
se faz tudo apenas sozinho.

Questão 67: O que é o pecado?

Questão 315: O que é um pecado?

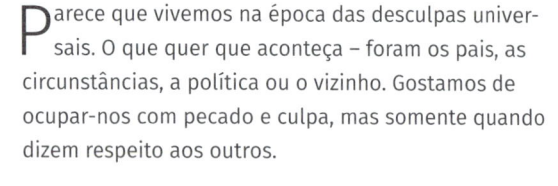

1Cor 15,3

Parece que vivemos na época das desculpas universais. O que quer que aconteça – foram os pais, as circunstâncias, a política ou o vizinho. Gostamos de ocupar-nos com pecado e culpa, mas somente quando dizem respeito aos outros.

Os psicólogos advertem, com razão, que uma pessoa não pode formar uma personalidade forte quando continuamente se dilacera e até mesmo não está em condições de assumir-se e de sentir-se bem. Desse modo, sabe-se hoje como é importante, desde o início, demonstrar reconhecimento às crianças. Contudo, deve-se, por isso, excluir o tema do pecado? Em todo caso, diz-se no Novo Testamento que Cristo "morreu por nossos pecados" (1Cor 15,3). Nas salas de aula e nos tribunais, ainda pendem crucifixos. Trata-se apenas de uma relíquia de uma época obscura?

Questão 290: Como nos ajuda Deus a sermos pessoas livres?

A despedida do pecado teve início no século XIX. **Friedrich Nietzsche**, filósofo radical, tinha algo contra o "pecado"; ele considerava-o um "sentimento judaico e uma invenção judaica" mórbidos – típicos de uma "religião de escravos". O pecado teria sido usado para gerar "remorso, degradação, revolver-se no pó" e, com isso, humilhar as pessoas. "Deus só lhe será propício se você se arrepender" jamais teria passado pela mente de um "grego sadio". Nietzsche recomendava "despreocupação em torno das consequências naturais do pecado"; ele sonhava com a beleza e a força vitais da inescrupulosa besta loura: "O animal precisa vir de novo para fora, precisa voltar à selva; nobreza romana, árabe, germânica, japonesa, heróis homéricos, *vikings* escandinavos: nesta necessidade, todos se assemelham".

O que os nazistas fizeram disso, todo o mundo sabe. No nacional-socialismo, o pecado só existia como "pecado contra o sangue e a raça". Ideólogos nacionalistas cuidavam para que as pessoas perdessem sua consciência e se tornassem cegas para os reais fatores da desumanização. Eis que, então, logo se achavam "super-homens" louros na plataforma, com um sorriso diabólico nos lábios, assistindo a como "sub-homens" eram colocados em vagões de animais para serem levados para as câmaras de gás. Já deveria estar claro: esvaziar o pecado de seu conteúdo, não levá-lo suficientemente a sério, ridicularizá-lo, excluí-lo da existência humana é uma mentira, com bastante frequência, uma mentira da vida. "Se dissermos que não temos pecado, estamos enganando a nós mesmos, e a verdade não está em nós" (1Jo 1,8). As consequências são dramáticas. Aliás, a mentira foi/é o pecado original, como se pode ler no livro do Gênesis. O Evangelho de João conhece o "pai da mentira" (Jo 8,44) e considera-o "assassino desde o começo". É o diabo. Não há nenhuma razão para subestimá-lo e brincar de "diabinho".

Questão 297: Pode uma pessoa formar sua consciência?

Questão 312: De que modo uma pessoa sabe que pecou?

Gn 1

Jo 8,44

> O ardil mais esperto do diabo é convencer-nos de que ele não existe.

Charles Baudelaire (1821–1867)

Questão 453: Que tem a ver com Deus a nossa relação com a verdade?

Até aí, muitas pessoas concordam. Contudo, elas não compreendem o que o pecado tem a ver com Deus. Recorramos à ajuda de uma pequena estrutura. Substituamos a palavra "Deus" pela palavra "o Absoluto" – e acrescentemos ainda algumas características: o absolutamente belo, o absolutamente verdadeiro, o absolutamente bom. Não se pode definir Deus, mas apenas quanto ele está acima de tudo o que no mundo é bom, verdadeiro e belo, assim como, ademais, tudo o que não é bom, verdadeiro e belo, de algum modo, parece ser *absolutamente impossível* junto de Deus. Ora, nós, seres humanos, somos inclinados a concessões. Imaginemos, por exemplo, que existe um mundo no qual, em última instância, Harvey Weinstein devesse dizer: "Eu acho isso belo!", Donald Trump devesse dizer: "Eu acho isso verdadeiro!", e a empresa Monsanto devesse dizer: "Nós achamos isso bom!".

> Não haja irmão no mundo, mesmo que tenha pecado a não poder mais, que, após ver os teus olhos, sinta-se talvez obrigado a sair de tua presença sem obter misericórdia, se misericórdia buscou.

Francisco de Assis (1181–1226)

Questão 232: Como se constitui a confissão?

Ainda bem que existe Deus. Ele não é absolutamente estranho a nós. Ele é tão pouco estranho a nós que tudo que aqui dá humanamente errado afeta-o *absolutamente* – sim, toca-lhe de tal maneira o coração que ele dá tudo, até mesmo seu próprio Filho, a fim de consertar o mundo, para restabelecer o bem, o verdadeiro, o belo, a fim de reconciliar-nos consigo e entre nós. Deus, porém, não está apenas entre as vítimas do pecado quando elas são carregadas nos vagões rumo a Auschwitz. Deus também tem uma solução para os pecadores. Para pecadores pequenos, medianos e grandes, e até mesmo os

> Deus é maior do que nossa culpa.
>
> **Papa Francisco**

que usam bota alta, que provocam um tipo de miséria que supera infinitamente suas possibilidades de reparação. Deus mesmo é quem nos reconcilia consigo por meio de Jesus Cristo, "estabelecendo a paz mediante o sangue de sua cruz" (Cl 1,20).

Cl 1,20

Nós *devíamos* pagar. Ele paga. De nós, exige-se apenas uma coisa: a confissão de nossos pecados. Nele, "temos... o perdão dos pecados" (Ef 1,7).

Questão 150: Pode a Igreja perdoar realmente os pecados?

Ef 1,7

> Que nós "alcançamos o perdão dos pecados em seu nome" é a confissão que os apóstolos exigiam como confissão do batismo. Se este perdão de Jesus tivesse sido anunciado apenas como verdade geral, ele nada teria a ver com a confissão de seu nome. Quando tivéssemos aprendido a lição, poderíamos esquecer-nos do professor. Jesus diria, como Sócrates: não se importem com Jesus, importem-se com a verdade. O Apóstolo, porém, escreve: "Nele temos o perdão dos pecados".

Robert Spaemann (1927–2019), doutor em filosofia

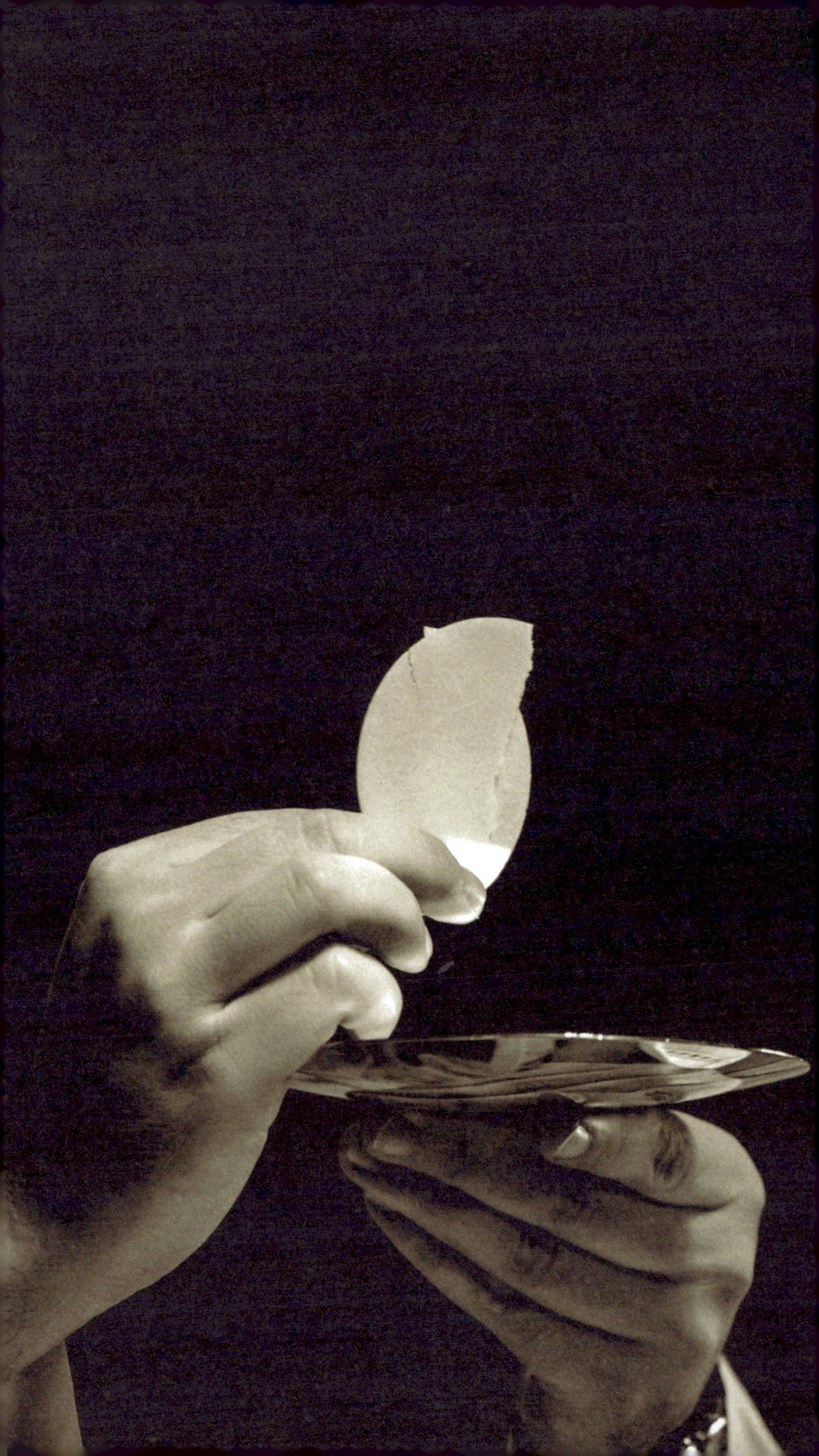

UNIDADE 12
CURSO SOBRE A FÉ

Por que a santa missa é o acontecimento central da Igreja?

Aqui se trata

da admirável comprovação

de que os cristãos católicos

acreditam que um pedaço de pão

é Jesus Cristo.

A única pergunta é: por quê?

Questão 219: Com que frequência deve um cristão católico participar na celebração eucarística?

Na rua, se alguém perguntar a uma pessoa o que é ser tipicamente católico, recebe como resposta: "Eles devem ir à Igreja todo domingo". Ora, esse negócio de dever é difícil. Alguém deve beijar sua esposa? Pode-se também passar sem isso. Mas de que vale um amor que não se manifesta em ternura? Semelhante peso tem a pergunta: onde está, então, seu cristianismo, se você não vai até onde Jesus gostaria de se encontrar com você? Uma resposta moderna poderia soar assim: meu cristianismo encontra-se onde eu quiser. Mas, na realidade, somos nós mesmos que estabelecemos as datas decisivas na vida? Não decidimos nem se existimos, nem quando nasceremos, nem quem são nossos pais. Deus não segue nossas ordens. Ele também não se põe no bosque seguindo uma ordem, quando precisamente temos vontade de ir até ele. Quem quiser encontrar-se com Jesus faz bem em ajustar-se aos lugares, sinais e tempos que nos são abertos por ele.

❝ Ao serviço divino,

Questão 168: Por que a liturgia tem prioridade na vida da Igreja e de cada um?

Mas o que Jesus tem a ver com este incompreensível evento dominical na Igreja fria? É preciso explicar. E deve-se admitir: às vezes, poderia realmente tornar-se mais claro o que de verdade está acontecendo. Por onde começamos? Talvez com isto: a santa missa não é uma espécie de serviço divino ao lado de outros, apenas um pouco mais solene, de modo que se poderia escolher entre uma variedade de ofertas.

A santa missa decorre sem concorrência. Ela é única e não é questão de gosto se agora prefiro uma santa missa ou uma meditação na cripta. Expressando precisamente o USP da santa missa: nela, você recebe o corpo de Cristo oferecido e – ao consumi-lo – você mesmo se torna "corpo de Cristo". "Corpo de Cristo" é outro nome para Igreja. Portanto, ninguém pode dizer: quero pertencer à Igreja, mas não quero incorporar-me. Seria absurdo.

Mas não é um espetáculo sobre algo passado, como no drama da Paixão de Cristo em Oberammergau? Não, em Oberammergau ninguém morre, não importa quanto sangue falso ali é derramado. Na santa missa, o sacrifício de Cristo na cruz se renova realmente para nós. O sacerdote não encena edificante peça didática – "A Última Ceia". Ela acontece. Dela participamos. Não de algum modo em pensamento. De maneira real.

Questão 126: O que significa dizer que a Igreja é "o corpo de Cristo"?

⬅ USP
Unique Selling Point = Ponto de Venda Exclusivo

Questão 216: De que modo está presente Cristo quando a Eucaristia é celebrada?

nada deve se antepor. São Bento de Núrsia (cerca de 480–547)

É chegado o tempo de, finalmente, olharmos de perto as coisas mais admiráveis.
Tomada panorâmica sobre o cenáculo: é a noite em que Jesus deve ser entregue – e é a véspera da Páscoa. Jesus faz o que todo pai de família judeu teria feito nesta noite. Reúne os seus ao redor de si – neste caso, os "Doze" –, a fim de celebrar uma espécie de liturgia sacrifical, a "Eucaristia" (= ação de graças).

Questão 127: O que é a liturgia?

> Eu sou o pão vivo que desceu do céu.
> Quem come deste pão viverá eternamente.
> E o pão que eu darei é a minha carne,
> entregue para vida do mundo. Jo 6,51

Lc 22,19

Lc 22,20

Questão 99: O que aconteceu na Última Ceia?

1Cor 11,24

Lc 22,18

Contudo, ao fazê-lo, Jesus escolhe algumas palavras insondáveis, que devem ter feito o sangue gelar nas veias dos apóstolos. Ele ora e sacrifica, mas pronuncia sobre o pão as palavras: "Isto é *meu corpo*, que é dado por vós" (Lc 22,19). Como? Ele faz de si a vítima. Se um sumo sacerdote tivesse testemunhado isso! E ainda vem o pior: Jesus pega do cálice com vinho e diz: "Este cálice é a Nova Aliança *no meu sangue*, que é derramado por vós" (Lc 22,20). Se alguém imagina o seguinte: a Aliança das doze tribos com Deus era a mais sagrada para Israel. E agora vem Jesus e funda novamente uma Nova Aliança com um número de doze insignificantes pescadores. E fundamenta essa Aliança em seu sangue. E os apóstolos deviam comer e beber, a fim de ser incluídos nessa Aliança. Isso é alta traição! O que o Mestre deles está fazendo? "Fazei isto em memória de mim" (1Cor 12,24). O que é isso? E o que significa: "De agora em diante, não mais beberei do fruto da videira, até que venha o Reino de Deus" (Lc 22,18)? Posso imaginar que um Judas pensou consigo mesmo: o cara deve estar completamente maluco.

É preciso dizer: os apóstolos não conseguiam compreender o que Jesus queria dizer com isso. Somente depois do dia sangrento do Gólgota, depois do túmulo vazio, depois dos encontros com o Ressuscitado que partiu o pão com eles, é que puderam compreender o que Jesus quis significar com a doação de seu corpo, com o derramamento de seu sangue por nós, com a Nova Aliança e, com isso, o começo de uma nova história de Deus com as pessoas, a partir de Jesus. É comovente perceber como já os primeiros cristãos se reuniam no domingo, a fim de conservar a liturgia da refeição e viver a partir da autodoação de Jesus. A igreja sempre brota da Eucaristia. Por favor, vão até lá.

Questão 208: O que é a Sagrada Eucaristia?

Questão 220: Como posso me preparar para receber a Sagrada Eucaristia?

3.44: Por que a missa é tão enfadonha?

„ Quem recebe a Sagrada Eucaristia se perde em Deus como uma gota de água no oceano. Não há mais como separá-los. Se, depois da comunhão, alguém nos surpreendesse com a pergunta: "O que você está levando para casa?", poderíamos responder: "Levamos o céu". Isso é perfeitamente verdadeiro. Contudo, nossa fé não é suficientemente grande. Não compreendemos nossa dignidade. Quando saímos da mesa sagrada, somos tão felizes quanto o teriam sido os três magos do Oriente, se tivessem podido levar consigo Jesus Menino.

São João Maria Vianney (1786–1859), Cura d'Ars

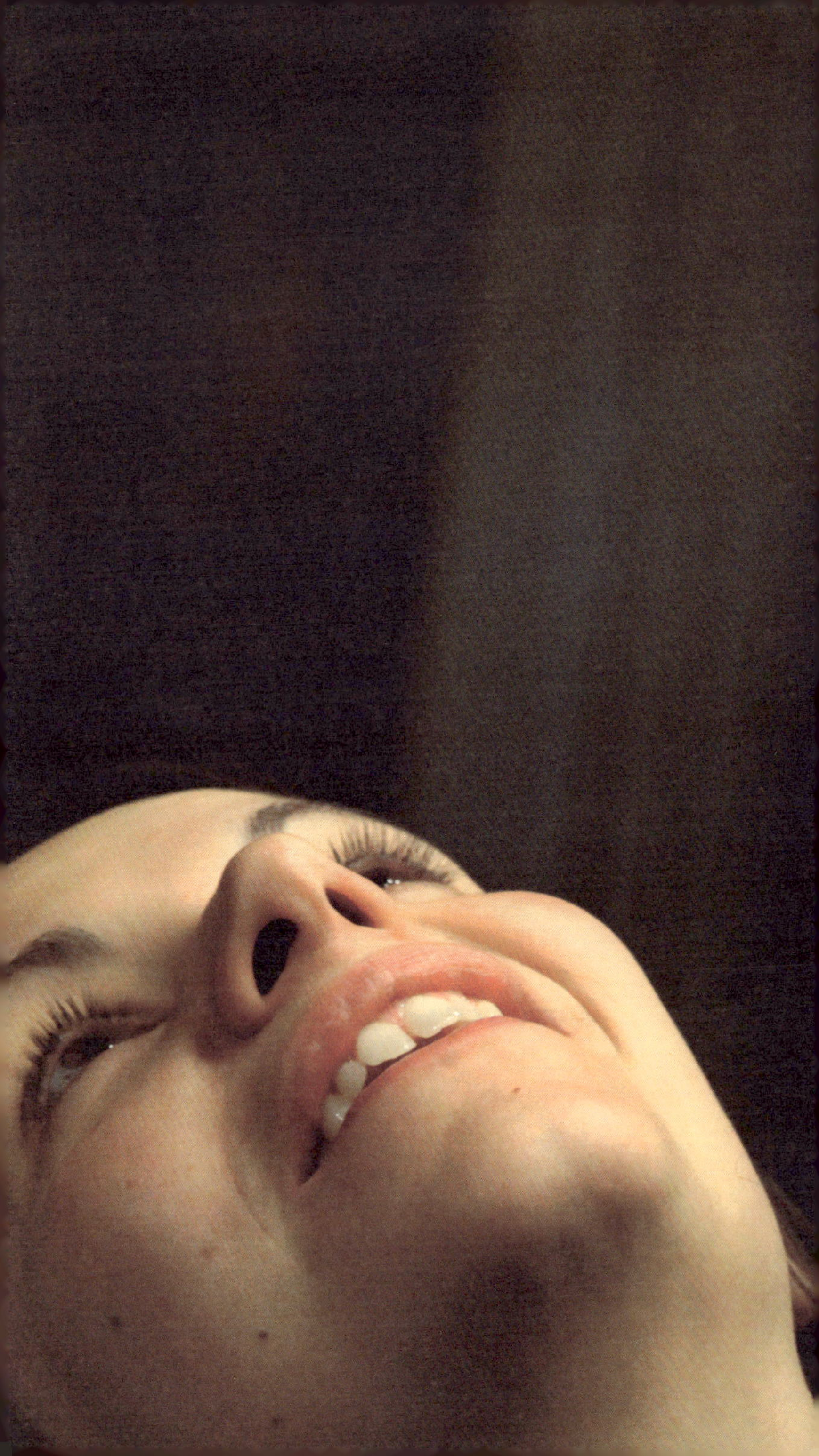

UNIDADE 13
CURSO SOBRE A FÉ

Como Deus chama?

Aqui se trata

da otimização de minha biografia.
Os cristãos não são projetados
em uma prancheta,
mas na escuta de Deus.
O que Deus quer de mim?
Para que existo?

Questão 18: Que significado tem o Novo Testamento para os cristãos?

Questão 8: Como se revela Deus no Antigo Testamento?

Gn 12,2

Nas antigas religiões, os "deuses" geralmente são figuras silenciosas, caprichosas. Quando o tempo atmosférico não vai bem, a colheita não vem e os planos de guerra fracassam, sabe-se que os deuses estão zangados. Deve-se invocá-los, conjurá-los, acrescentar um pouco mais aos sacrifícios, então o mundo volta a funcionar. Mesmo entre os cristãos ainda se encontram resquícios dessa imagem primitiva de Deus.

Que Deus é diferente, totalmente diferente do que as pessoas gostam de imaginar, já o vislumbrava a humanidade há alguns milhares de anos no Oriente Próximo. No caso de Abraão, surge de repente um Deus audível, um Deus que deseja algo... que não é relacionado a incenso, holocausto ou até mesmo vítimas humanas: "Saia da sua terra, do meio de seus parentes, da casa de seu pai, e vá para a terra que eu lhe mostrarei" (Gn 12,1). O que Deus quer é inteiramente do interesse deste príncipe dos nômades. "Seja uma bênção!" (Gn 12,2). Com Abraão, começa a história sem fim de um Deus que intervém abençoando; na medida em que chama e vocaciona, sempre mais nitidamente, também chama da miséria. Indivíduos experimentam isso, depois o povo de Israel e, por fim, o mundo inteiro. Isso se torna completamente claro com Jesus Cristo, que não chama apenas pescadores para ser pescadores de homens (Mc 1,17) – portanto, para um serviço especial –, mas que tem em mente uma vocação para cada pessoa humana: "Ele quer que todos sejam salvos e cheguem ao conhecimento da verdade" (1Tm 2,4).

Mc 1,17

1Tm 2,4

O interesse fundamental de Jesus é levar as pessoas a um relacionamento de comunicação, de amor e de amizade com Deus. E ele mesmo se envolve, de maneira divina: "Vinde a *mim* todos vós que estais cansados e carregados de fardos!" (Mt 11,28).

Mt 11,28

Madre Teresa (1910–1997) refletiu intensamente sobre o Deus que se aproxima para chamar, chamando: "Para Deus, você é único. Ele quer dignificá-lo na medida em que o preenche com sua presença. Ele chamou-o, você lhe pertence. Se você reconhecer isso, pode superar toda falha, toda humilhação, todo sofrimento – se você reconhecer o amor pessoal de Jesus por você e o seu amor por ele".

A propósito, cada vocação tem um rosto. Frequentemente, não escolhemos a que Deus nos chama e onde ele nos coloca. Conheço uma senhora que é chamada

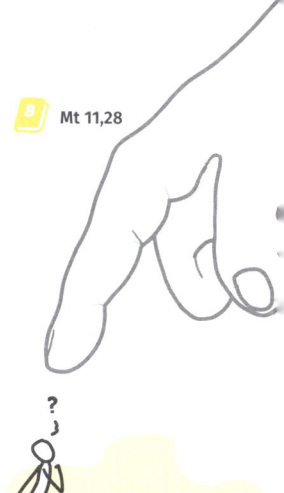

❞❞ Se você foi chamado a varrer ruas, então varra-as como Michelangelo pintava quadros, ou Beethoven compunha música, ou Shakespeare escrevia poemas. Varra tão bem as ruas, que todos no céu e na terra digam: "Aqui viveu um brilhante varredor de ruas que fez bem o seu trabalho!".

Martin Luther King (1929–1968)

de um moribundo a outro porque ela é formidável em ajudar as pessoas a passar para a Pátria Eterna. Hoje ela sabe: "É *minha* vocação!".

> **Questão 1:** Para que estamos no mundo?
>
> **Questão 342:** Devemos ser todos "santos"?

Ora, na Igreja, não existem apenas vocações gerais. Em que consiste a vocação especial de um bispo, de um padre? A resposta mais breve é: ele é um sucessor dos apóstolos. Ele faz o que os apóstolos fizeram. No Novo Testamento, encontramos um tipo de estrutura antiga da Igreja. O Senhor da Igreja é Jesus Cristo para toda a eternidade. Ele é quem age. Ele perdoa os pecados. Ele ensina. Ele cura. Ele oferece a si mesmo em sacrifício. Ao redor de Jesus estão os discípulos. Jesus manteve-os próximos a si e admitiu-os em um tipo de escola. Eles olham para a mão de Jesus, falam com ele. Eles assumem suas intenções. São enviados dois a dois "a toda cidade e lugar para onde ele mesmo devia ir" (Lc 10,1). A esses discípulos, Jesus "já não chama de servos", mas "amigos" (Jo 15,15). Os discípulos são o motor da Igreja – e esta é, quiçá, a chave para a crise da Igreja de nossos dias: faltam discípulos e círculos de discípulos, ou seja, pessoas que, a partir de um relacionamento pessoal com Cristo, estejam empenhadas por Jesus em seu ambiente completamente normal. Quando se fala de discípulos, pode-se pensar nos cristãos das ordens religiosas, mas estes apenas vivem emblematicamente aquilo que *todos os discípulos* devem realizar.

> **Questão 137:** Por que se chama a Igreja de "apostólica"?
>
> **Questão 11:** Por que transmitimos a fé?

> **Questão 139:** Em que consiste a vocação dos leigos?

Dentre os discípulos, Jesus escolhe alguns – os apóstolos. De certa maneira, ele os faz girar – na direção da Igreja e para um serviço insubstituível nela. Eles fazem de maneira substitutiva aquilo que apenas Jesus pode fazer: edificar a Igreja com base nos sacramentos, principalmente no partir do pão (1Cor 11,23.24) e no perdoar pecados – "Os pecados daqueles que vocês perdoarem estarão perdoados" (Jo 20,23) –, mas também anunciar [a Palavra] "em tempo oportuno e inoportuno" (2Tm 4,2), e guiá-la em nome de Jesus. Hoje em dia, a opinião pública questiona

> 1Cor 23f.
>
> Jo 20,23
> 2Tm 4,2

> O sacerdote é um ostensório: sua missão é mostrar Jesus. Ele deve retrair-se e permitir que somente Jesus seja visto.

Charles de Foucauld (1858–1916)

frequentemente os padres, e não apenas por causa do celibato. Alguns opinam também que se poderia organizar muito bem uma Igreja sem padres. No entanto, isso é falso. Enquanto se pode falar a respeito do celibato porque é um sinal "altamente adequado", exigido pela Igreja – a vida celibatária é, mesmo assim, a forma de vida de Jesus –, uma Igreja sem padres é impensável; seria destruir sua fonte interior. Aliás, onde uma Igreja produz discípulos, aparecem também vocações para o sacerdócio.

Questão 259: Como se distingue o sacerdócio comum dos fiéis do sacerdócio ministerial?

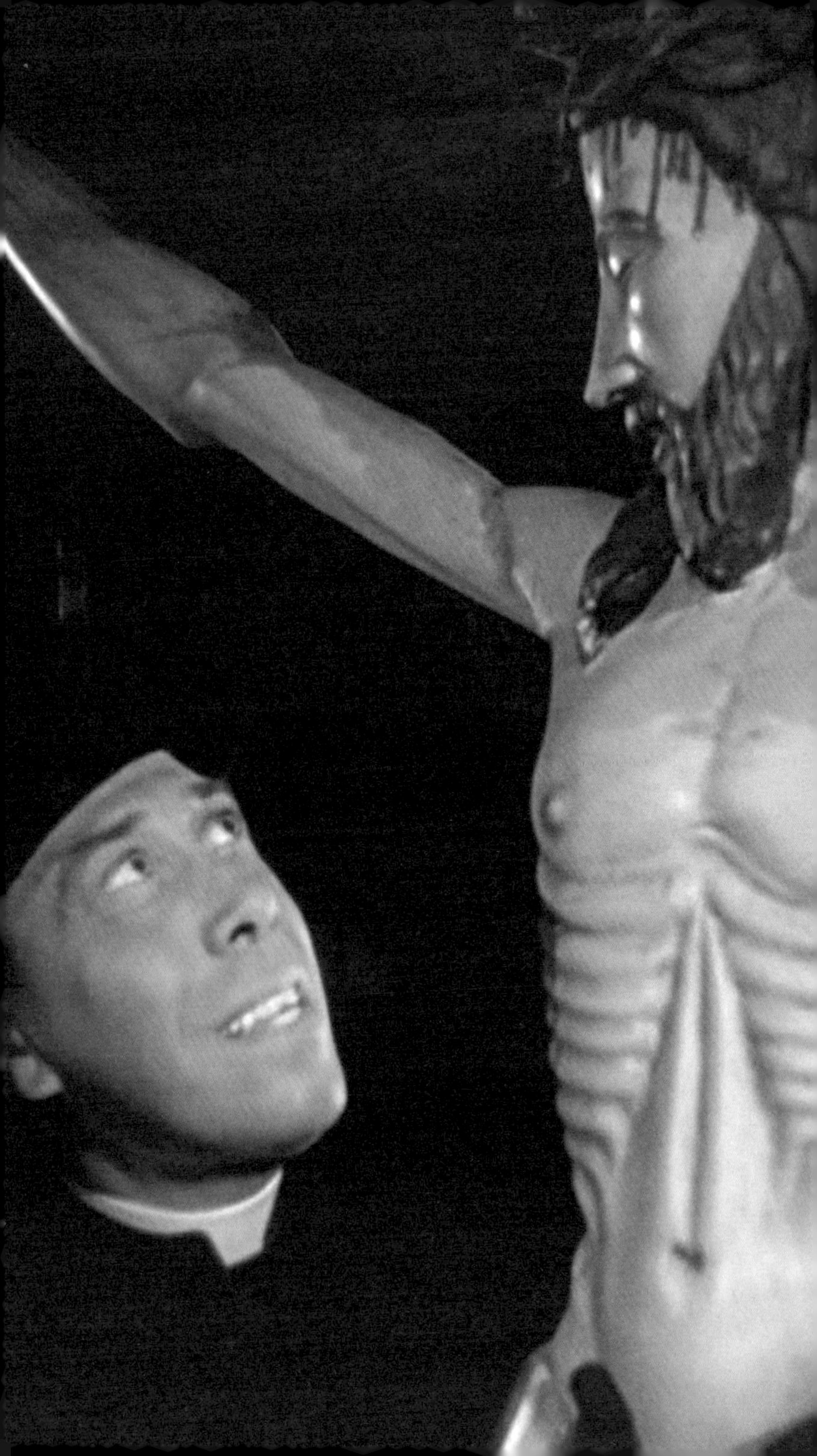

UNIDADE 14
CURSO SOBRE A FÉ

O que significa a vida celibatária na Igreja?

Aqui se trata
do enigma de por que
Don Camillo estava cheio de amor
e não estava, absolutamente, só.
Também na vida real,
os sacerdotes são pessoas de relacionamento:
eles vivem de Deus.

Questão 265: Porventura, todas as pessoas estão vocacionadas para o matrimônio?

Mt 19,12

Sempre me causa admiração o fato de os leigos não terem maior problema com a Igreja do que o "celibato". Ninguém obriga os cristãos a seguir o conselho de Jesus, a saber, viver no celibato "por causa do Reino dos Céus" (Mt 19,12). Nenhum cristão tem que viver assim. Infelizmente, alguns religiosos e sacerdotes são má propaganda do celibato. Certa vez, em um encontro católico, testemunhei um curioso debate. O diretor de um seminário para candidatos ao sacerdócio apresentou a tese de que o celibato deveria proporcionar alegria aos candidatos – sim, eles deveriam escolher essa forma de vida (em que pesem as privações emocionais), porque não há nenhuma outra adequada para eles. Outro padre respondeu-lhe, com semblante contraído, que provavelmente seria um desaforo que algum homem normal achasse isso divertido. O homem com a tese audaciosa permaneceu com sua opinião. A coisa toda era, naturalmente, antipropaganda.

Questão 145: Por que quer Jesus que haja pessoas que vivam para sempre em pobreza, em castidade celibatária e em obediência?

Em primeiro lugar, deve-se dizer: é imediatamente compreensível que os religiosos e religiosas vivam no celibato. Quanto aos padres, desde os tempos antigos, existem padres casados nas Igrejas católicas orientais. Há cerca de mil anos, a Igreja católica romana exige de seus bispos e sacerdotes a forma de vida celibatária – e poderia mudar novamente esse perfil. Para isso, ela deveria ter muito boas razões. Inicialmente, porém, deve-se constatar que não havia apenas motivos espirituais, mas também políticos,

> Um grande problema do cristianismo do mundo de hoje é que já não se pensa no futuro de Deus: só o presente deste mundo parece suficiente. Queremos ter só este mundo, viver só neste mundo. Assim, fechamos as portas à verdadeira grandeza da nossa existência. O sentido do celibato como antecipação do futuro é precisamente abrir essas portas, tornar o mundo maior, mostrar a realidade do futuro que deve ser vivido por nós como presente.

Papa Bento XVI

❝ O padre católico renuncia a mil mulheres; o homem casado, a 999.

Gilbert Keith Chesterton (1874–1936)

para a imposição do celibato sacerdotal. Caso haja laços de sangue pendentes do sacerdócio, então existe o perigo de que o sagrado se torne herança e propriedade da família. Trata-se, portanto, de um "mero" mandamento da Igreja.

Enumeremos rapidamente os motivos que depõem, atualmente, contra o celibato. Em primeiro lugar, existe o inconveniente de que alguns escolheram essa forma de vida manifestamente sem convicção interior. Em segundo lugar, há o escândalo dos abusos que dão a muitos observadores a impressão de que os clérigos são todos extremamente excitados, o que não corresponde de forma alguma à realidade. Na opinião pública, porém, o grande sinal para a existência de outro mundo torna-se inesperadamente um contrassinal devastador, tanto mais que são meninos a maioria dos que foram abusados por sacerdotes. Aparentemente, introduziu-se no ministério um número não

Questão 386: Por que o quinto mandamento protege a integridade corporal e espiritual do ser humano?

negligenciável de homens não vocacionados, com desenvolvimento sexual imaturo. Felizmente, os responsáveis reconheceram esse fato.

Em terceiro lugar, existe a falta de sacerdotes, que também é atribuída ao grande obstáculo da forma de vida celibatária. Associado a isso, há sempre mais comunidades nas quais já não se pode celebrar regularmente a Eucaristia porque já não existem padres. Algumas dioceses praticamente já não têm novos sacerdotes. Existem, portanto, várias razões que favorecem a isenção do celibato para os padres. Contudo, há uma razão elementar que o justifica: o celibato é a forma de vida de Jesus. O próprio Jesus viveu inteiramente para o Pai. A partir dessa ligação singular com o céu, Jesus estava completamente disponível para as pessoas. Que ele teve, além disso, uma amante chamada Maria Madalena, com quem, no final das contas, casou-se, é criação de escritores de segunda categoria. O próprio Jesus convidou a essa provocante forma de vida totalmente-para-Deus. E, já na Igreja primitiva, surgiu a convicção de que é bom que vivam, os sucessores dos apóstolos – que hoje são os bispos e padres –, também como Jesus. Em Jesus, rompe-se o mundo antigo, que gira no círculo de procriação, nascimento e morte: "Pois figura deste mundo passa" (1Cor 7,31). Os celibatários, em cujos corações isso foi dado a conhecer por Deus (Mt 19,11: "Nem todos são capazes de entender isso..."), realizam a novidade radical do mundo vindouro que irrompeu em Jesus. Eis que Deus já é, hoje, "tudo" de que o ser humano necessita. Um dia, também nós compreenderemos Teresa de Ávila: "Quem a Deus tem, nada lhe falta. Só Deus basta".

O sacerdote que vive o celibato de maneira piedosa e confiável representa Cristo com toda a sua existência. Ele não é nenhum funcionário que realiza determinado

---

Questão 92: Por que razão Jesus chamou apóstolos?

1Cor 7,31
Mt 19,11

Questão 250: O que entende a Igreja por sacramento da ordem?

trabalho, rega a grama a partir das 17h e joga pega-
-varetas com as crianças. Como sempre, a Igreja está
convencida de que Deus envia suficientes vocações
apenas aonde existe o húmus de autêntico discipulado
e seguimento de Cristo. Talvez seja essa a razão por que,
em alguns lugares, existem candidatos ao sacerdócio
em abundância, ao passo que, em outros lugares, os
seminários cobrem-se de luto, e as casas religiosas
bocejam vazias. Em todo caso, aburguesar o ministério
sacerdotal, na medida em que se faz dele uma oportunidade comum de carreira e um posto permanente para
teólogos diplomados, não pode ser a solução.

Aliás, dever-se-ia abolir a palavra CELIBATO; ela passa
ao largo da questão. Provém de *caelebs* = solitário.
Isto é exatamente o que jamais deve acontecer, sob
nenhuma circunstância, ao celibatário por causa do
Reino dos Céus: que ele viva para si mesmo. Ou ele
está "em relacionamento", ou seja, em uma progres-
siva história de amor com Deus, ou se degenera em
um solteirão irritadiço. O "celibato" vivido emblematicamente é algo social, é amor, vínculo, comunhão. É
por isso que a audácia da vida celibatária está mais
próxima da ousadia do matrimônio do que da incapa-
cidade de relacionamento de alguns solteirões.

← Celibato

Questão 122: Para que quer Deus a Igreja?

4.2.1: Para que o celibato, se o matrimônio condiz tão bem com as pessoas?

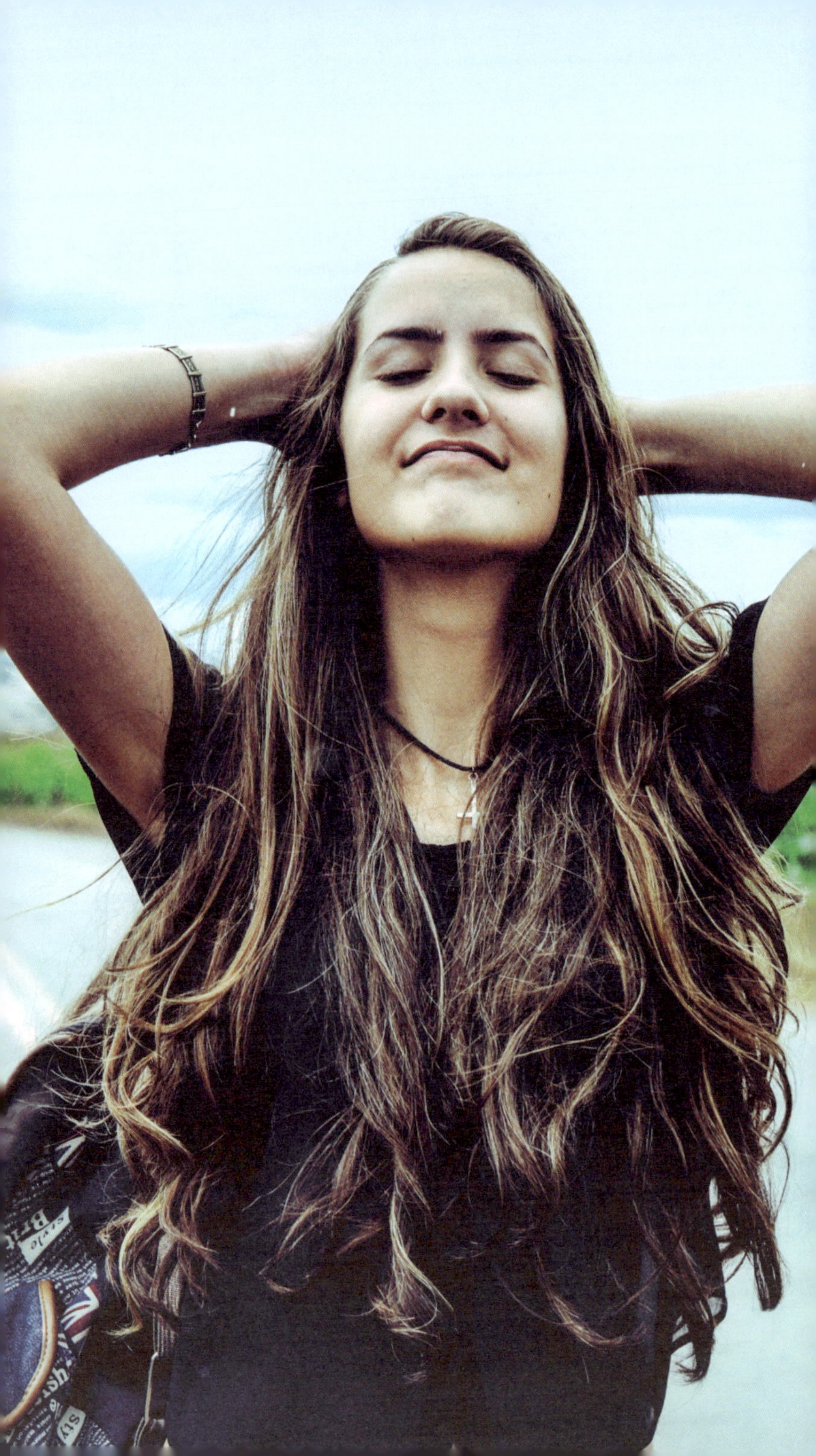

UNIDADE 15
CURSO SOBRE A FÉ

O que significa casar-se na Igreja?

Aqui se trata

da questão de por que
alguém deveria, necessariamente,
encontrar a pessoa
que seja digna
de ser levada consigo à Igreja.
Diante do altar matrimonial
e ainda além.

Questão 400: O que significa dizer que o ser humano é um ser sexual?

Questão 64: De que forma Deus criou o ser humano homem e mulher?

Questão 401: Existe alguma precedência de um gênero em relação ao outro?

Deus ter criado o ser humano como *homem* e *mulher* é, talvez, uma de suas melhores invenções. Que triste o mundo seria se não houvesse o amor e o erotismo, e todas as fascinantes diferenças entre homens e mulheres. Seis mil e quinhentos genes agem diversamente em homens e mulheres; não obstante, uma mulher tem pena de outra que deve trabalhar em um escritório puramente feminino: "Só mulheres, como é que você aguenta isso?". "Só homens, como isso é chato!", lamenta um homem pelo colega que foi parar unicamente entre homens. Deus não apenas criou diferentemente homens e mulheres – ele também os criou uns para os outros, de modo que se completem e, juntos, deixem pressentir um pouco da semelhança com Deus.

> A maioria das pessoas tem medo de perder sua liberdade se amar, e não consegue crer que, coincidentemente, o amor significa o maior desenvolvimento da liberdade.

Erich Fromm (1900–1980)

Deus sabe bem que homens são de Marte, e mulheres, de Vênus; é como se existisse um truque da parte dele, de modo que ele fez uma única plataforma sobre a qual homem e mulher se juntam permanentemente: o amor. Que o amor entre homem e mulher desemboca no casamento não é invenção de sogras; está na natureza humana e na natureza do próprio amor ligar-se sem reservas.

O amor é algo muito profundo – uma situação na qual, para uma pessoa, essa outra parece valer qualquer preço, até mesmo a própria vida. O amor faz com que alguém se doe loucamente a outra pessoa, definitivamente – sem condições específicas. Se adoeço? Não importa! Se um dia eu me tornar grisalho? Para mim, você jamais será feio. A propósito, disse Albert Camus: "Amar alguém significa consentir em envelhecer com ele". O amor é um presente. Presente não se retoma. Homem e mulher criam um espaço de aconchego ao qual chegam os filhos e em que podem crescer felizes.

Questão 402: O que é o amor?

Questão 260: Por que dispôs Deus o homem e a mulher um para o outro?

> Amar alguém significa ser o único a ver um milagre invisível para os outros.
>
> **Fiódor M. Dostoiévski** (1821–1881)

Questão 418: Que significado tem um filho no matrimônio?

Questão 261: Como se realiza o sacramento do matrimônio?

Contudo, diz o papa Francisco: "O *matrimônio* é também trabalho cotidiano; eu poderia dizer: um trabalho artesanal, um trabalho de ourivesaria, pois o esposo tem a tarefa de permitir que a esposa seja mais mulher, e a esposa deve permitir que seu esposo se torne mais homem... Pois é, e assim, posso imaginar como um dia, na rua de sua cidade, as pessoas vão dirigir-se a você e dizer: 'Mas que mulher bonita e enérgica!... Com o marido que tem, não há de que admirar-se!'. E a você também dirão: 'Olhem para ele!... Com a esposa que tem, não há de que admirar-se!'. É precisamente isso! É disto que se trata: que nos permitamos crescer juntos, reciprocamente".

💬 Tu te tornas eternamente responsável por aquilo que cativas.

Antoine de Saint-Exupéry (1900–1944)

A fim de que possa ser duradouro aquilo que, do ponto de vista meramente humano, é arriscado, homem e mulher doam um ao outro, diante do sacerdote, o "sacramento do matrimônio". Isso é mais do que qualquer contrato matrimonial poderia produzir. Deus oferece ao casal uma aliança; ele introduz a si mesmo na comunhão entre homem e mulher e une-os na profundidade de seu próprio e irrevogável amor divino: "O que Deus uniu, o homem não separe" (Mt 19,6).

Antes de os dois se prometerem amor fiel – "até que a morte nos separe" –, é preciso ficar claro o que é próprio do matrimônio. Dele faz parte algo que surpreenderá alguns: o sexo. O matrimônio não se realiza apenas mediante uma promessa, mas também na medida em que homem e mulher dormem juntos e, assim, tornam-se "uma só carne" (Mt 19,5). E as pessoas sempre pensam que Deus nada tem a ver com sexo!

Questão 424: O que é o adultério? É correto o divórcio?

Mt 19,6

Questão 404: O que é o amor casto? Por que deve um cristão viver castamente?

Quando Jesus enfatiza a indissolubilidade do matrimônio, não está impondo nenhum mandamento subjugador às pessoas; ao contrário, ele liberta-as para que não esperem unicamente umas das outras o grande amor, mas dele. Somente com Deus é que a frase do Cântico dos Cânticos do amor se torna verdadeira: "O amor nunca acabará" (1Cor 13,8).

1Cor 13,8

> Um matrimônio desfeito é um mundo desfeito.

Gertrud Fussenegger (1912–2009), escritora austríaca

Questão 417: Que sentido tem o encontro sexual no matrimônio?

Questão 262: O que é necessário para um matrimônio cristão sacramental?

E há outras condições: ambos devem estar livres de outros vínculos quando comparecem diante do altar matrimonial; e a promessa deve ser pormenorizada e pública. Ambos devem estar prontos para dar o passo voluntariamente. Se um dos dois, no momento da contração do matrimônio, age sob coação, medo, pressão interior ou exterior, não se realiza um matrimônio válido. Não se deve casar com "o papai" ou com "a mamãe", ou porque, afinal, alguém quer sair de casa. Também não se deve casar na igreja quando, em segredo, se pensa: "Vamos tentar! Enquanto durar, durou!". Tampouco se realiza o assim chamado consentimento matrimonial (= vontade expressa de ambos de casar-se) se um ou ambos os cônjuges nem por sonho pensam em deixar definitivamente casos extraconjugais. E ainda há um último impedimento: ambos devem estar dispostos a ter filhos. Se um deles pensa secretamente: "Não comigo!", não se realiza o matrimônio.

📖 Grave-me como selo sobre seu coração, como selo sobre seu braço. Pois o amor é forte como a morte. E o ciúme é cruel como a morada dos mortos. Suas chamas são chamas de fogo, uma faísca de Javé.

Ct 8,6

Contudo, toda a beleza e a grandeza do matrimônio cristão só serão descobertas quando forem compreendidas como parábola da fidelidade e da doação de Deus: "Maridos, amai as vossas mulheres, como Cristo também amou a Igreja e se entregou por ela... É assim que os maridos devem amar suas esposas, como amam seu próprio corpo" (Ef 5,25-28a).

📖 Ef 5,25

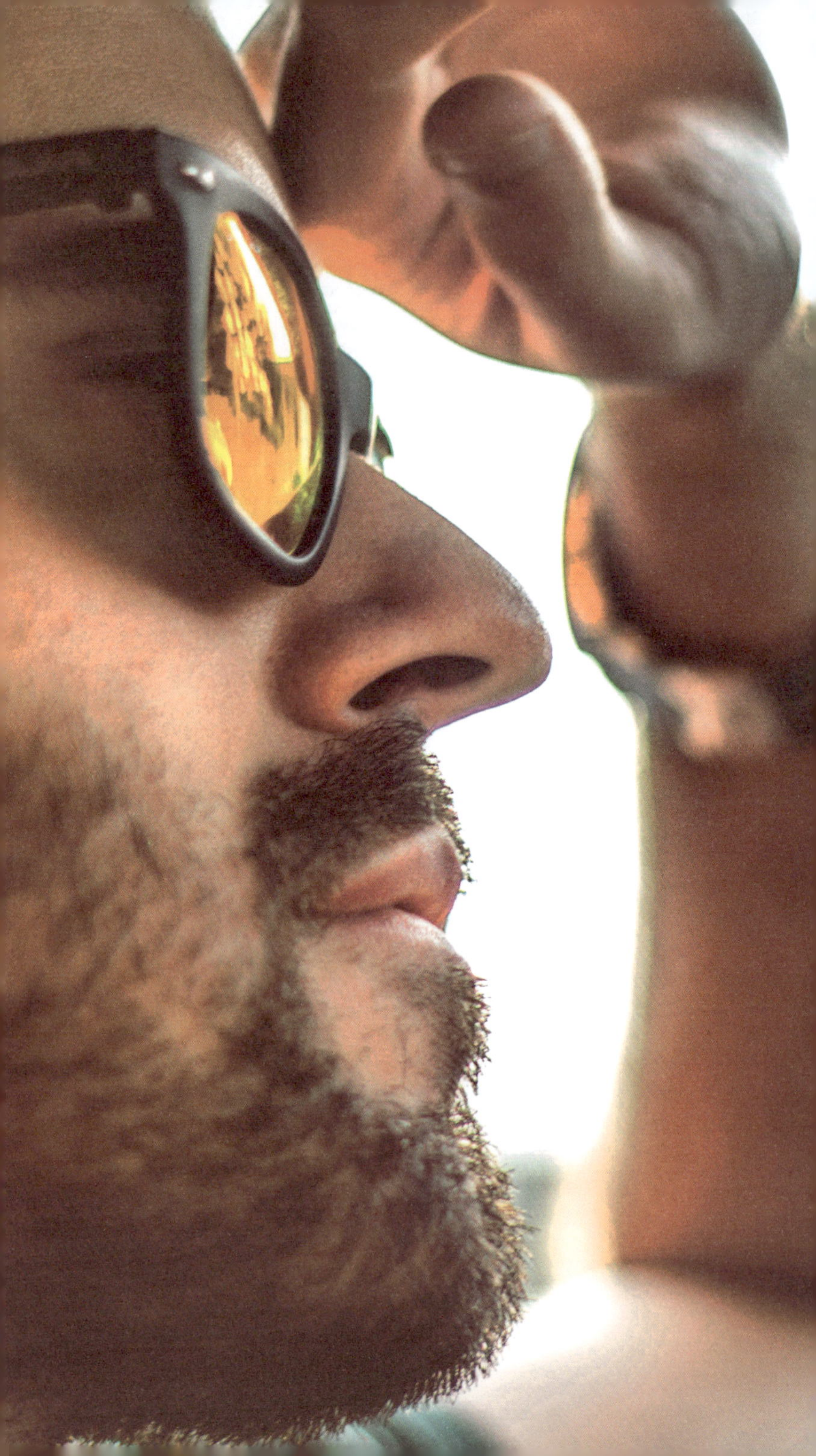

UNIDADE 16
CURSO SOBRE A FÉ

O que os mandamentos têm a ver com o amor?

Aqui se trata

de como agir bem e de maneira amável,

e por que, para isso,

são necessárias algumas

medidas preventivas

para não cair no próprio engano.

Questão 295: O que é a consciência?

Questão 298: É culpado, perante Deus, alguém que age de consciência errônea?

A consciência é assunto delicado. São muito poucos os que passam pela vida completamente "sem" ela, o que levou Stanislaw Lec à sua mais famosa frase espirituosa: "Sua consciência era limpa; jamais a usava". Outros usam a consciência muito bem; no entanto, de preferência apelam para ela quando estão justamente a ponto de praticar os piores malfeitos. O teatro vive disso em pequena escala, tal como a história o vive em grande escala. Em nome da consciência pessoal, mente-se, trapaceia-se, trai-se e desfaz-se o matrimônio. Não há nenhum pecado que não tenha sido cometido, por quem quer que seja, "com a melhor das consciências" – e sob a violação dos mandamentos.

Questão 291: Como uma pessoa pode distinguir se sua ação é boa ou má?

Certa vez, dom Dick, o bispo auxiliar de Colônia, mostrou como mandamento e consciência se relacionam mutuamente em uma formidável história; tomemos o caso: crianças jogam futebol na sala de estar. Papai

> Quanto à consciência, há duas maneiras pelas quais as pessoas se comportam em relação a ela. Em uma, a consciência é simplesmente um tipo de sensibilidade para o decoro, um gosto que nos sugere isso ou aquilo. Na outra, é o eco da voz de Deus. Ora, tudo depende dessa distinção. O primeiro caminho não é o da fé; o segundo é.

São John Henry Newman (1801–1890)

chega e fica horrorizado: "Vocês sabem que aqui se encontra um precioso vaso chinês antigo? Se vocês o quebrarem, a mamãe ficará inconsolável! Então, por favor, saiam daqui com essa bola!". Agora, as crianças têm a opção: ou saem ou continuam a chutar na sala de jantar, arriscando uma catástrofe. As crianças sabem, portanto, "o mandamento". Sua consciência está aguçada, pois sabem das más consequências de uma falsa decisão. E assim, na verdade, deve ser sempre que alguém apela à sua consciência. É preciso examinar o agir à luz dos mandamentos. Para poder fazer isso, é preciso conhecer os Dez Mandamentos (cf. Ex 20,2-17 e Dt 5,6-21). Deve-se saber que mentira, orgulho, roubo, inveja, ressentimento, difamação, adultério e assassinato não são, jamais, opções de conduta possíveis ou até mesmo necessárias.

Ex 20,2–17
Dt 5,6–21

Ora, alguns criam uma contraposição entre Jesus, que teria trazido o amor, e o Antigo Testamento, que eles entendem como uma religião legalista má. Citam Santo Agostinho, que disse certa vez: "Ama e (então) faze o que quiseres", e utilizam a citação a fim de encobrir seus desvios governados pelos impulsos. Mas nem Agostinho nem Jesus se deixam manipular para esse fim. Agostinho deve ser entendido assim: se você tivesse realmente reconhecido o amor e estivesse no amor, você já não precisaria de nenhum mandamento – você agiria de forma perfeita. E no sermão da montanha, frequentemente citado (e raramente lido), encontra-se, em todo caso, a seguinte frase de Jesus: "Porque eu lhes garanto: enquanto não deixarem de existir o céu e a terra, não se perderá nem mesmo uma só letra ou vírgula da Lei, sem que tudo seja cumprido. Portanto, quem violar ainda que seja um só desses mínimos mandamentos, e ensinar as pessoas a fazer o mesmo, será considerado o menor no Reino do Céu. Mas quem os praticar e ensinar será chamado grande no Reino do Céu" (Mt 5,18-19). Jesus

Questão 309: O que é o amor?

Questão 349: Quais são os Dez Mandamentos?

Questão 351: Não estão ultrapassados os Dez Mandamentos?

Mt 5,18–19

não apenas inculca os mandamentos, ele até mesmo os intensifica: "Vocês ouviram o que foi dito aos antepassados: 'Não mate (Ex 20,13; Dt 5,17). Quem matar terá de responder no tribunal'. Mas eu lhes digo: todo aquele que ficar com raiva de seu irmão terá de responder no tribunal" (Mt 5,21-22).

Mt 5,21–22

Questão 348: "Mestre, que hei de fazer para ter a vida eterna?" (Mt 19,16)

Mc 12,30

Entretanto, é o mesmo Jesus que sintetiza os mandamentos no mandamento do amor. Segundo este, você deve, primeiramente, amar a Deus "de todo o coração, com toda a alma, com todo o entendimento e com toda a força" (Mc 12,30). Logo em seguida, você "deve

Tábua original dos Mandamentos

amar seu próximo como a si mesmo. Não existe outro mandamento maior do que estes" (Mc 12,31). Mas já o Antigo Testamento não conclama ao amor a Deus e ao próximo? É verdade. O que, porém, existe de novo quando Jesus diz: "Eu dou a vocês um mandamento novo: amem-se uns aos outros" (Jo 13,34)? A novidade no novo mandamento do amor consiste em que Jesus faz de si mesmo a medida e o ponto de comparação do amor: "Assim como eu amei vocês, vocês devem se amar uns aos outros" (Jo 13,34). E o que fez Jesus no quesito amor a ponto de tornar-se o critério? Ele morreu por nós – assim diz Paulo – ainda "quando éramos inimigos de Deus" (Rm 5,10). Em suma: a novidade do novo mandamento é o amor ao inimigo: "Vocês ouviram o que foi dito: 'Ame seu próximo e odeie seu inimigo'. Eu, porém, lhes digo: amem seus inimigos e rezem por aqueles que perseguem vocês" (Mt 5,43-44). À maneira de Jesus. Esse amor ao inimigo é algo tão característico do ponto de vista da história das religiões que o autor muçulmano Navid Kermani, certa vez, opinou que os cristãos tinham todos os motivos para orgulhar-se dele e trazê-lo sobre a fronte como um precioso diadema.

Jesus menciona o amor ao próximo e o amor a si mesmo de um fôlego. Também isso é digno de nota. Há mães que jamais pensam em si mesmas – e por isso ficam em frangalhos. Amar a si mesmo, porém, é igualmente um mandamento obrigatório, como o é o de amar o próximo.

Mc 12,30–31

Questão 337: Como somos redimidos?

Jo 13,34

Questão 34: O que deve fazer uma pessoa quando descobre Deus?

Rm 5,10

Mt 5,43–44

Questão 387: Como devemos lidar com o nosso corpo?

❞❞ Mesmo que nosso coração não tenha amor, tem, no entanto, anseio do amor, e, portanto, o começo do amor.

São Francisco de Sales (1567–1622)

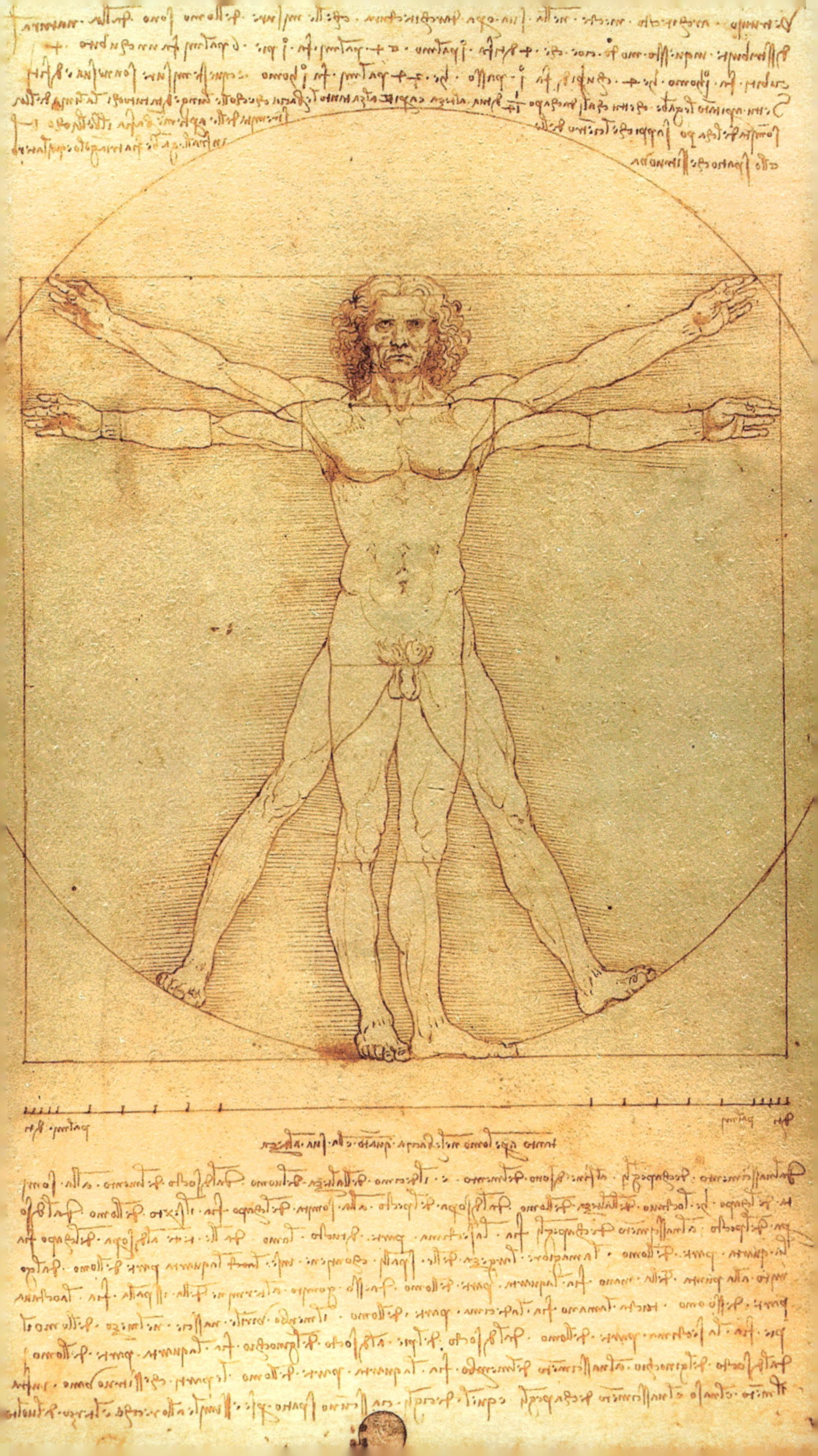

UNIDADE 17
CURSO SOBRE A FÉ

O que humaniza a pessoa?

Aqui se trata

de um incidente um tanto embaraçoso
com um imperador nu, além da questão
em torno da dignidade humana,
e de como conduzir
corpo, alma e espírito
à melhor forma.

Questão 301: Como nos tornamos prudentes?

Questão 303: O que significa ter fortaleza?

Na fábula, há um imperador vaidoso que não cuidava senão de suas roupas. Certo dia, deixou-se enganar por dois trapaceiros que alegavam ser capazes de tecer os mais refinados tecidos. As roupas novas do imperador eram tão elegantes que só poderiam ser vistas por pessoas inteligentes e dignas. Os dois fingiram tecer e, finalmente, entregaram ao imperador roupas que, na verdade, não consistiam em nada, senão em ar. Diante do espelho, o imperador percebeu muito bem que estava nu, mas sua vaidade não lhe permitiu admitir que era um idiota. Os camareiros e ministros também ficaram entusiasmados. Eles inclinavam-se com gritos de admiração. Então o imperador apareceu nas ruas. E repetiu-se o mesmo jogo: ninguém queria expor-se; todos se admiravam das novas roupas do imperador. Apenas uma criança exclamou: "Mas o imperador está nu!".

Questão 300: Por que temos de trabalhar na construção de nossa personalidade?

Questão 163: O que é o Juízo Final?

Ninguém gosta de expor-se. Por isso, circulamos não apenas com roupas, mas também com títulos, méritos, graduações universitárias, salários, classes nos meios de transporte e listas de entes queridos. Criamos biografias brilhantes nas quais, no final, somente nós mesmos acreditamos. Mas a bela aparência assenta mal. Crises e enfermidades, fracassos culposos e simples azar fazem a fachada desmoronar. Quando São Francisco chegou às portas da morte, ordenou que fosse colocado nu sobre o chão da Porciúncula. Não havia dito o Jó bíblico: "Nu saí do ventre de minha mãe, e nu voltarei para lá" (Jó 1,21)? E as últimas palavras de Lutero não foram: "Somos mendigos, esta é a verdade". Sim, é verdade. No mais tardar, quando comparecermos diante do Senhor, estaremos nus. Já não contará o que fomos no mundo, quantas empresas fundamos e quantas casas construímos. Antes, seremos indagados se nos revestimos com "sentimentos de compaixão, com bondade, humildade, mansidão, paciência" (Cl 3,12). Seremos indagados se fomos "humanos".

Cl 3,12

❞❞ A dignidade do ser humano é inviolável.

Constituição da República Federal da Alemanha

Mas o que realmente humaniza a pessoa? Espontaneamente, temos um conceito muito elevado do ser humano – mas algum dia se chega ao caso de um conflito, e esse elevado conceito explode como uma bolha de sabão. Uma criança no ventre da mãe é, pois, *um ser humano, meio ser humano, nenhum ser humano*? E a velha e demente senhora no abrigo – ainda é um ser humano ou já é o resto de um ser a dormitar, sobre cujo descarte se deveria pensar? Um membro da diretoria da Mercedes tem mais valor do que um jovem órfão de Mumbai? De maneira inteligente, os cristãos não se deixam levar por tais discussões. Para eles, o ser humano não tem algum valor mensurável ou discutível, mas uma imperdível e singular dignidade. Essa dignidade não se fundamenta na própria pessoa, mas em Deus, seu criador, mantenedor, salvador e juiz. Essa dignidade de cada pessoa resulta

Questão 382: É permitida a eutanásia?

Questão 383: Por que não é aceitável o aborto em nenhuma fase do desenvolvimento embrionário?

4.27: O que há de errado com os testes pré-natais?

> Tudo tem ou um preço ou uma dignidade. Quando uma coisa tem preço, pode ser substituída por algo equivalente; por outro lado, a coisa que se acha acima de todo preço, e por isso não admite qualquer equivalência, compreende uma dignidade.

Immanuel Kant (1724–1804), doutor em filosofia

Is 43,1

Sl 17

Mt 25

de seu relacionamento com Deus. Deus olhou para ela com amor e jamais desvia dela seu olhar: "Eu o chamei pelo nome; você é meu" (Is 43,1). Em certa medida, pertencemos à família real, temos caráter sagrado. Por isso, visto que as pessoas são a "pupila dos olhos" de Deus (Sl 17,8), não devem ser classificadas, coisificadas. E porque os mais pobres são sempre as primeiras vítimas, Mateus narra a mais admirável parábola de toda a Sagrada Escritura; poderia ser chamada de *parábola da solidariedade de Deus*. No capítulo 25, estão todos enumerados: os famintos, os sedentos, os estrangeiros, os nus, os doentes, os prisioneiros. O ponto principal é o v. 40: "Eu lhes garanto: todas as vezes que vocês fizeram isso a um desses meus irmãos mais pequeninos, foi a mim que o fizeram". A mim! O próprio Jesus se faz o mais pobre. Quando se toca nos braços dos pobres, toca-se nele.

Questão 284: Por que são tão importantes as bem-aventuranças?

Isso é incompreensível – tão incompreensível quanto as bem-aventuranças, o trecho central do sermão da montanha. Aqui, não se canta o cântico dos cânticos dos bem-sucedidos, dos ricos, das estrelas, das pessoas muito importantes, dos assertivos e das cabeças coroadas. No Reino de Deus, *outros* são os bem-aventurados – os pobres, os enlutados, os mansos, os famintos, os perseguidos e todos os que ficam do lado deles: os que lutam pela justiça, os misericordiosos, as pessoas de coração puro, os pacificadores. A gente se humaniza no mundo através da "misericórdia". São João Paulo II lembrou isso; papa Francisco, não menos. No entanto, já o havia feito o santo de Assis, que constituiu a essência do ser cristão: "Não haja irmão no mundo, mesmo que tenha pecado a não poder mais, que, após ver os teus olhos, sinta-se talvez obrigado a sair de tua presença sem obter misericórdia se misericórdia buscou".

Questão 89: A quem promete Jesus o "Reino de Deus"?

Questão 329: Como surge a justiça social em uma sociedade?

❝❝ O ser humano está ligado a todos os seres vivos mediante sua origem terrena, mas só é pessoa através de sua alma 'insuflada' por Deus. Isto lhe confere inconfundível dignidade, mas também singular responsabilidade.

Cardeal Christoph Schönborn

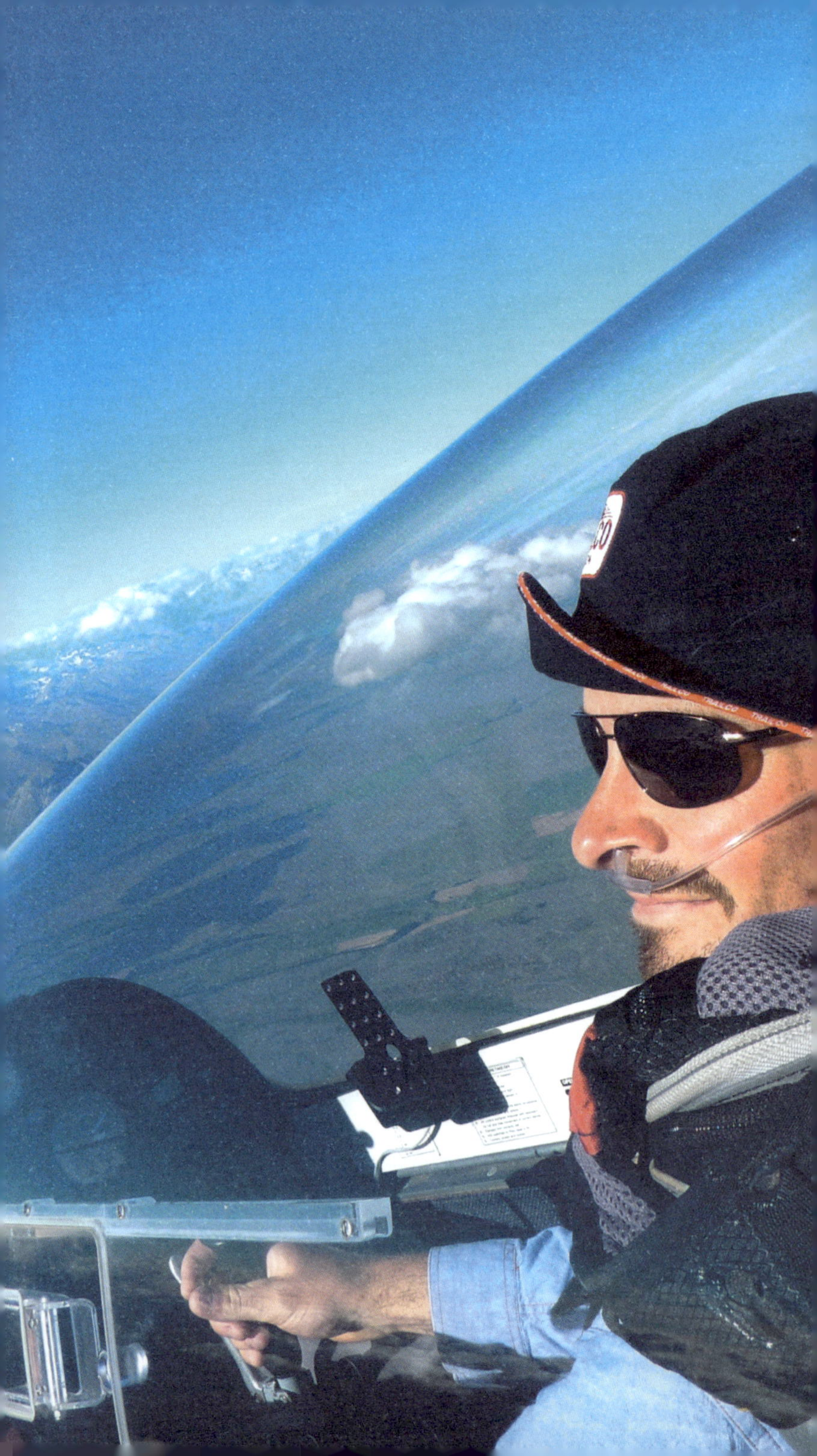

UNIDADE 18
CURSO SOBRE A FÉ

O que me liberta, o que me restringe?

Aqui se trata

de aviação, de aviões e de outros meios

de transporte rápidos

que lhe proporcionam

uma sensação de liberdade.

Mas aqui se trata também

do sentido da liberdade,

e de por que permitir-se

todas as liberdades possíveis

poderia ser o contrário da liberdade.

Questão 286: O que é a liberdade e para que existe?

Questão 289: Deve-se abandonar uma pessoa à sua vontade livre, mesmo que ela opte pelo mal?

4.2: O que devo fazer de minha vida?

"Acima das nuvens", cantou certa vez o compositor Reinhard Mey, "é provável que a liberdade não conheça fronteiras". A canção versa sobre alguém que, do hangar, observa como um avião eleva-se no ar; assaltam-no a nostalgia e o melancólico pensamento de se, em algum lugar, existe mesmo essa liberdade na qual "todas as angústias, todas as preocupações" ficam para trás ou, pelo menos, tornam-se pequenas. Reinhard Mey viveu intensamente esse sonho da humanidade. A partir de 1972, ele obteve, aos poucos, brevês para pilotar aviões monomotores, bimotores, biplanos e helicópteros, para voos acrobáticos, voos por instrumento, além de habilitação para barco e motocicleta. A biografia de Reinhard Mey pode ser lida como uma sequência contínua de momentos de liberdade. Mey exerceu sua liberdade, definitivamente, não apenas para proporcionar a si mesmo, continuamente, experiências individuais de liberdade; ele empregou também sua liberdade para se engajar de maneira impressionante no campo social.

O que é a liberdade? Liberdade – e o desejo de liberdade – é algo profundamente humano. Deus fez-nos assim, de modo a que tenhamos gosto pela liberdade, que reflitamos, escolhamos, apresentemos algo espontaneamente. Na liberdade, o ser humano é altivo, dignificado, belo. A liberdade significa: agir inteiramente por si mesmo, criar um pedaço do mundo como nos agrada, não sermos determinados por outros. Isso é um ponto importante, também na Igreja. Por mais que os pais queiram que seus filhos creiam, é errado persuadir os filhos à fé ou colocá-los sob pressão. Deus quer que seja livre o sim do ser humano. Onde quer que uma pessoa não aja inteiramente por si, onde for forçada ou coagida, ali, ela não é completamente humana.

Em que medida o ser humano é livre? A primeira resposta soa assim: a pessoa é livre para fazer ou deixar de fazer o que quiser – ainda que, objetivamente, essa resposta seja falsa. Isso pertence à sua dignidade humana, mesmo que ideólogos das alavancas do poder, repetidamente, procurem podar as pessoas em seus direitos à liberdade (liberdade de religião, de opinião, de profissão, de reunião, de associação etc.), porque julgam saber melhor o que é bom para as pessoas.

Questão 354: Podemos forçar alguém a crer em Deus?

❞ Os mandamentos não são obrigações impostas de modo arbitrário... Eles preservam a pessoa da força destruidora do egoísmo, do ódio e da mentira. Eles mostram-lhe todos os falsos deuses que a tornam escrava: o amor-próprio que exclui a Deus, a sede de poder e a busca de prazer que subvertem a ordem justa e degradam nossa dignidade humana e a de nosso próximo.

Papa São João Paulo II (1920–2005)

O elogio da liberdade, porém, não ignorará que a opção da pessoa de poder escolher o mal – aquilo, portanto, que prejudica a si e aos outros – pode levá-la diretamente pela "estrada para o inferno". Foi o satanista Aleister Crowley quem proferiu o presumível lema da liberdade: "Faça o que quiser! Isso há de ser toda a lei". O conceito de liberdade que inclui a autodestruição e a destruição do outro (por exemplo, pelo aborto, suicídio e eutanásia) é um conceito que se baseia em uma blasfema substituição de Deus: eu sou o senhor. Eu sou a lei.

Questão 287: Nossa liberdade não consiste precisamente em poder escolher o mal?

Questão 49: Porventura Deus guia o mundo e a minha vida?

No vasto universo, não há ninguém, aliás, que se interesse pelo que me acontece. E também não há ninguém que se importe se o outro se torna vítima de minha liberdade.

Questão 281: Por que desejamos a felicidade?

O verdadeiro Deus, de fato, concede liberdade irrestrita. No entanto, ele instalou na liberdade uma orientação – uma tendência interior para o bem. Sou totalmente livre, mas o sentido de minha liberdade é o bem. O ser humano é livre para fazer o bem a partir de uma escolha pessoal e livre. Desse modo, as pessoas experimentam uma satisfação natural quando fazem algo de bom, e coram de vergonha quando são flagradas fazendo o mal. Que exista esta diferença é uma indicação de que o bem provém do Bem – dito de outra maneira: o fundamento primordial, Deus, é bom. Se Deus é bom, então o bem é bom, e o mal é, precisamente, mau. Em um mundo sensato, Deus quer que sejamos bons. C. S. Lewis: "Se não quisermos ser como Deus quer que sejamos, então, de fato, queremos algo que não nos pode fazer felizes".

Questão 59: Para que criou Deus o ser humano?

Questão 340: Como se comporta a graça de Deus relativamente à nossa liberdade?

A propósito, Reinhard Mey experimentou, na própria pele, os limites da liberdade. Dois de seus instrutores de voo caíram e morreram. Um filho seu morreu depois de cinco anos em estado vegetativo, o que, segundo Reinhard Mey, "abala a família em seus fundamentos e, de um dia para o outro, põe a vida de ponta-cabeça". Mey passou incontáveis noites ao lado do leito da criança, cantou canções, contou-lhe histórias. Será que ele cantou "Acima das nuvens" para ele? Provavelmente, devamos falar sobre o sonho humano de liberdade sob a condição de que a liberdade completa só existe onde "todos os medos, todas as preocupações" desapareceram porque existe alguém de quem se diz: "E ele vai enxugar toda lágrima dos olhos deles, e não existirá mais a morte, nem aflição, nem choro, nem dor" (Ap 21,4). Até lá, devemos simplesmente ser bons, mesmo que seja cansativo.

Ap 21,4

💬 Não impomos nossa fé a ninguém. Esse tipo de proselitismo é contrário ao ser cristão. A fé só pode acontecer na liberdade. Mas é pela liberdade das pessoas que apelamos para que se abram a Deus, a fim de buscá-lo, de dar-lhe ouvidos.

Papa Bento XVI

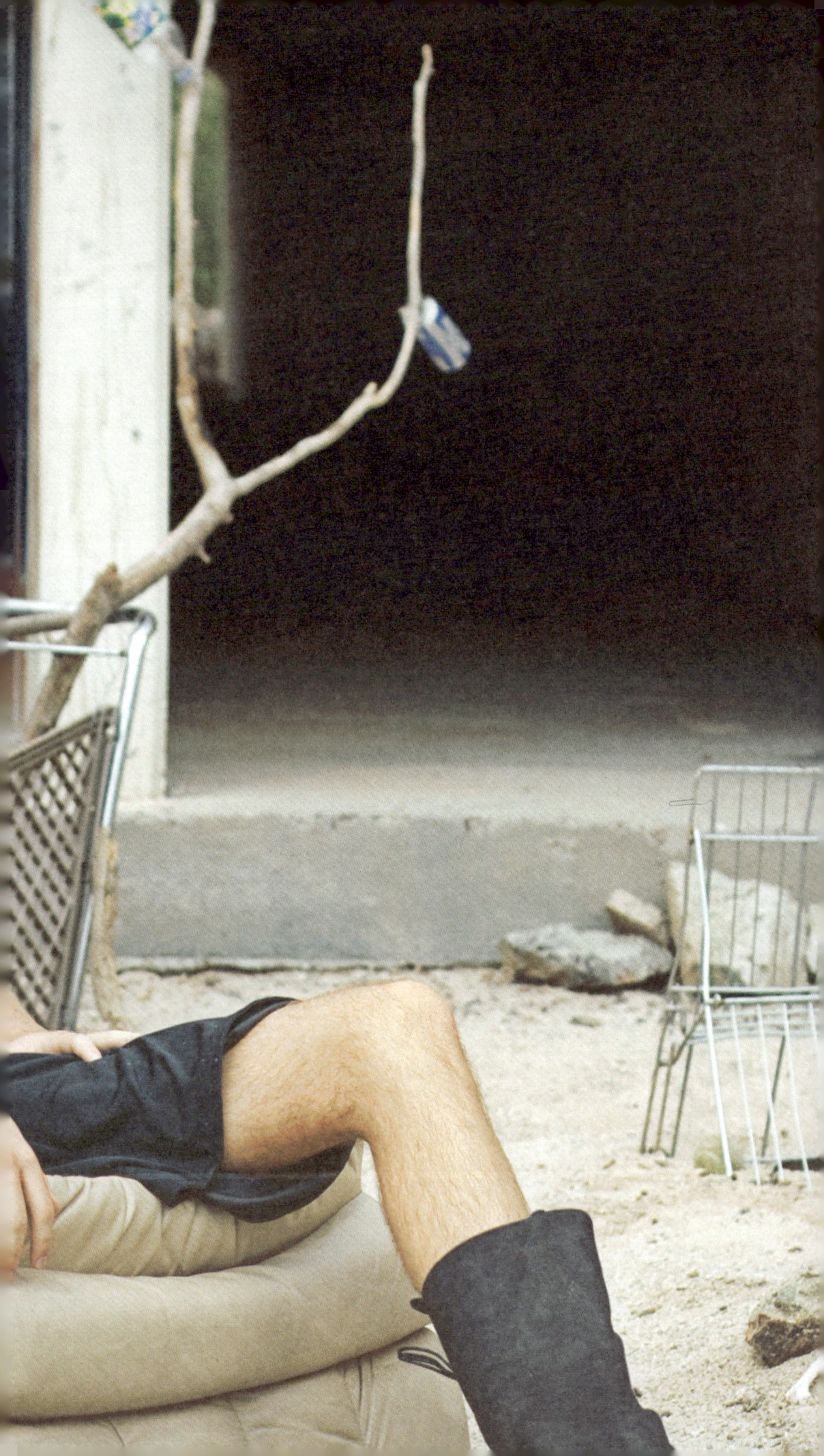

UNIDADE 19
CURSO SOBRE A FÉ

O que significa "Você deve santificar o domingo"?

Aqui se trata
de algumas boas razões
para não fazer nada.
Deus aprecia nosso trabalho,
mas este não é o mais sublime e definitivo.
O próprio Deus descansou no sétimo dia
e deseja que nossa semana
termine em uma festa de alegria.

Questão 187: Por que motivo o domingo é importante?

As mães conhecem a cena: "O que você fez com minha roupa de cama do Bayern-FC?". "Mas... estava toda rasgada! Drama. Revolta. Lágrimas. Mamãe havia tocado em um santuário. Também para adultos, as coisas mais banais podem ser "santas": um cachimbo antigo, uma coleção de discos de vinil arranhados, qualquer coisa. Em cada caso, não se trata do valor material de uma coisa. A roupa de cama, o cachimbo do falecido pai, o disco do Bob Dylan – eles representam algo grande, como um símbolo, a que me sinto pertencente. O domingo está morrendo. E poucos derramam uma lágrima por este símbolo.

❝ Na história do século passado, podemos ver que, nos estados nos quais Deus foi abolido, →

Contudo, a exigência de "santificar" o domingo não é nenhuma dica de lazer de alguma revista de variedades, mas uma ordem divina – o atual número três dos Dez Mandamentos. Em todo o Antigo Testamento, praticamente não se encontra encenação mais dramática do que a cena na qual Moisés recebe de Deus os Dez Mandamentos e desce até seu povo com a Lei: "O povo todo presenciou os trovões, os relâmpagos, o som da trombeta e a montanha fumegando" (Ex 20,18). Por que Deus faz tamanho esforço em torno da organização do tempo de lazer?

No início da Bíblia, encontra-se um Deus que deixa claro para todo o sempre que o trabalho não é tudo e nem sequer o mais sublime. No livro do Gênesis, o próprio Criador se concede um tipo de pausa animada: "Deus abençoou e santificou o sétimo dia, pois nesse dia Deus descansou de todo o trabalho que tinha feito como Criador" (Gn 2,3). O povo de Israel fez como Deus: descansou. Israel recordou a escravidão do Egito e estendeu a sagrada pausa até mesmo aos escravos, ao boi, ao jumento, aos estrangeiros na cidade (cf. Dt 5,14).

Questão 47: Por que descansou Deus no sétimo dia?

→ não só a economia foi arruinada, mas também, e acima de tudo, as almas.

Papa Bento XVI

Para Israel, o sabá era importante porque Deus era extremamente importante: a razão de tudo, a condição vital de tudo, o libertador, o salvador. Isso não podia ser esquecido – no entanto, no dia a dia, já não era levado em consideração. Deus devia ser lembrado através de um grande sinal. A festa do sabá invocava, no intervalo da semana, a presença de Deus, tornava-o palpável, irradiava extraordinária esperança. Diz o Talmude: "Se Israel guardasse realmente o sabá apenas uma única vez, o Messias viria, pois a observância do sabá equivale à observância de todos os mandamentos".

Questão 362: Por que razão Israel celebra o sábado?

> Este é o dia que Deus fez,
> que trouxe alegria ao mundo inteiro.
> Alegre-se o que se alegrar pode,
> pois maravilhas fez o Senhor.

Este é o dia que Deus fez, canto da Páscoa, louvor de Deus

Questão 363: Como lidou Jesus com o sábado?

Questão 364: Por que motivo os cristãos substituíram o sábado pelo domingo?

Aqui estamos no ponto em que o Antigo Testamento e o Novo Testamento, Israel e o cristianismo, sabá e domingo se separam. Os judeus continuam a esperar o Messias; os cristãos acreditam que ele já veio. Os cristãos designam Jesus de Nazaré como o "Cristo", o Messias. O dia deles já não é o sabá, dia da nostalgia e dia da esperança. O dia deles é o "oitavo", o dia pascal, o domingo, o dia no qual Cristo ressuscitou dos mortos, e libertou e salvou definitivamente o mundo que estava enredado no pecado e na morte. Enquanto os judeo-cristãos, inicialmente, ainda conservavam o sabá, os cristãos oriundos do paganismo logo cedo celebravam o "dia do Senhor", que se segue ao sabá. Cada domingo devia ser um reflexo da festa da Páscoa, uma continuação da festa da Páscoa, como se o júbilo explodisse em um dia e resplandecesse por todo o tempo.

Hoje, para muitas pessoas, já não há diferença entre dia útil e o domingo. As grandes máquinas precisam funcionar. A empresa prestadora de serviço exige serviço nos dias de fim de semana. Lojas precisam fazer compras. Todo o mundo, então, depende justamente de um encaixe no cronograma. O tempo já não tem nenhuma estrutura. Já não há diferença entre dia festivo e cotidiano. A festa é quando a loja de móveis quer. Tudo é a mesma coisa, e cheira a cerveja e salsicha grelhada. Dever-se-ia dizer que as pessoas deveriam ser felizes diante da nova flexibilidade. Mas elas lamentam a cinzenta monotonia dos dias.

Questão 184: De que modo a liturgia marca o tempo?

❝ Sem a Eucaristia dominical, não podemos viver. Não sabes que o cristão existe para a Eucaristia, e a Eucaristia para o cristão?

Resposta do mártir **Saturnino** (305) durante interrogatório em que era acusado de ter participado da reunião dominical proibida.

Podemos reinventar o domingo? Penso que não serão os sindicatos a salvá-lo – serão pessoas que, juntas, voltarão às raízes cultuais do domingo. A razão pela qual o domingo é sagrado não é porque seja filantrópico, depois de seis dias de trabalho, deixar de lado também o martelo ou o teclado, e destronar o trabalho. O domingo tem em Deus o seu centro. E deve ser uma festa – com tudo o que isso comporta: com esforço pelo belo, com muito tempo uns para os outros, para o amor e para Deus, com flores, cantos festivos, roupas festivas, rituais festivos, com lazer e suspiro de alívio no belo mundo de Deus.

Questão 365: De que modo os cristãos fazem do domingo o "dia do Senhor"?

E talvez venha de novo o dia em que haverá drama, revolta, lágrimas quando alguém tocar no "sagrado" domingo, na festa dos redimidos...

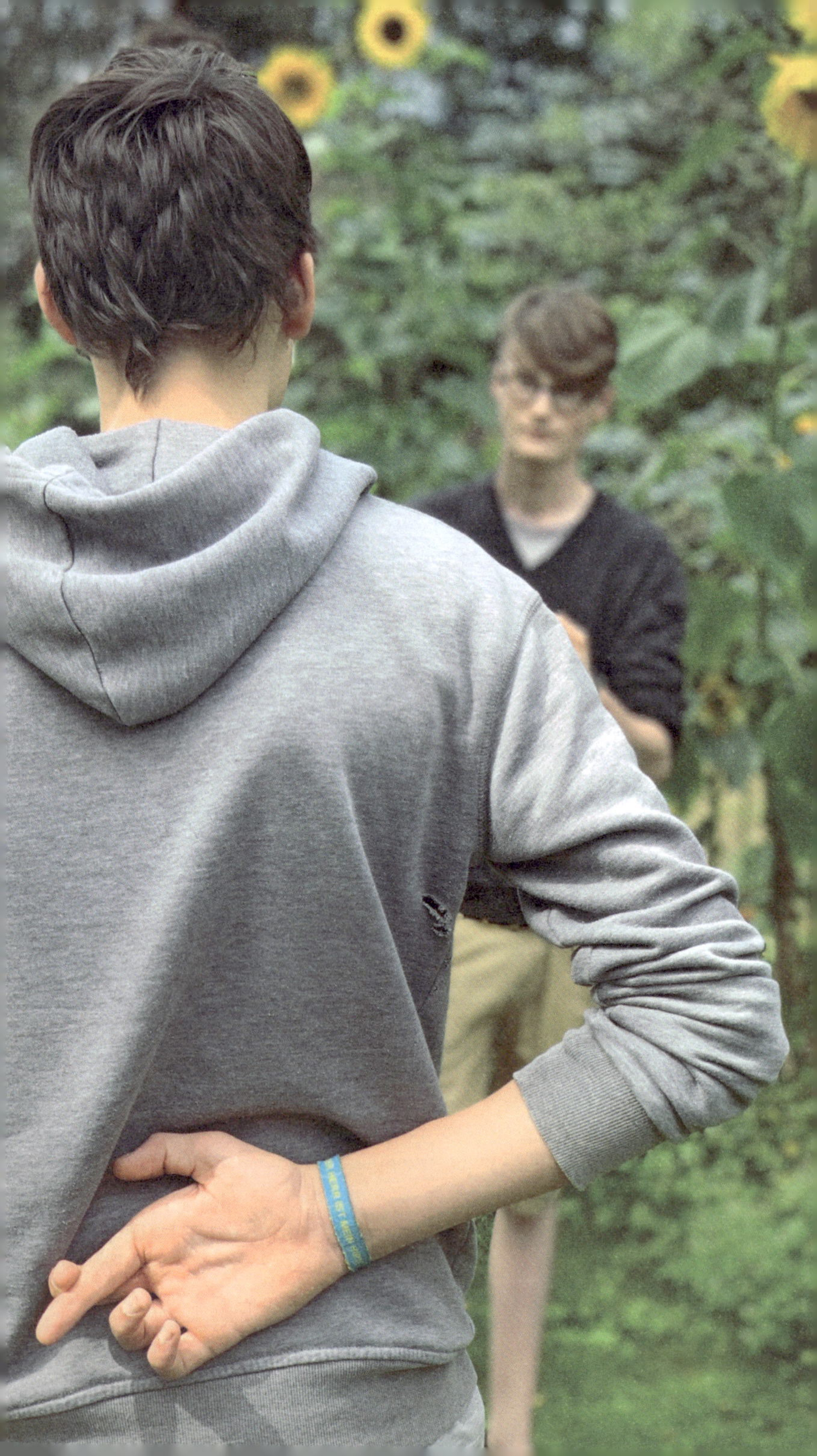

UNIDADE 20
CURSO SOBRE A FÉ

O que significa "Você não deve dar falso testemunho"?

Aqui se trata

de fofocas e tagarelice, Donald Trump,

Alice no País das Maravilhas,

um juiz nazista mentiroso

e uma jovem incrivelmente corajosa

e seus amigos, para os quais

a difusão da verdade

era ainda mais importante

do que a própria vida.

4.47: Como as mídias sociais podem ser usadas de maneira correta?

Questão 452: O que exige de nós o oitavo mandamento?

Questão 456: O que se deve fazer quando alguém mente, engana ou burla?

O presidente americano pode também ter seus pontos positivos. Contudo, não podemos refletir a respeito do oitavo mandamento – "Não darás falso testemunho contra teu próximo!" – sem que nos deparemos com Donald Trump, com os "fatos alternativos" e com o "exagero verídico".

No entanto, espalharíamos *fake news* se disséssemos que esses conceitos provêm dele mesmo. Foi a porta-voz do governo, Kellyanne Conway, que defendeu o presidente, quando foi condenado pela mentira, com o argumento de que Trump falava sobre "fatos alternativos". Trump também não é o autor do "exagero verídico" que encontramos descrito no sucesso de livraria de Trump *A arte da negociação*, como "exagero inocente" e "forma muito eficaz de comercialização". Na verdade, o livro foi escrito pelo *ghost-writer* Tony Schwartz, que apareceu arrependido em público, e na ocasião expressou a suspeita de que Trump não só jamais teria escrito um livro sequer, mas que também nunca teria lido um livro do começo ao fim. O presidente estaria interessado somente em si mesmo.

> A verdade deve ser apresentada ao outro como um manto sob o qual ele possa deslizar – não como um pano molhado a ser colocado ao redor da cabeça.

Max Frisch (1911–1991)

Existe, já há muito tempo, uma tendência de lidar de modo "criativo" com a verdade. No livro *Alice no País das Maravilhas*, de Lewis Carroll, há o esquisito filósofo Humpty Dumpty, que exprime o tema em um conceito: "Quando utilizo uma palavra, ela tem exatamente o significado que lhe dou – nem mais nem menos". Alice: "A questão, no entanto, é se o senhor pode atribuir tantos significados diferentes às palavras". Humpty Dumpty sorri: "A questão é: quem é que manda? Isso é tudo". Na filosofia clássica, a verdade é definida como *adaequatio intellectus et rei* – a verdade é a correspondência entre realidade e intelecto. Todo mundo sabe que isso está correto. Deve-se dizer o que ocorre. Do contrário, mente-se. Mas o ser humano é pecador, e já a criancinha compreende que é preciso gritar alto e durante muito tempo a fim de receber atenção e ser recompensada. E assim se desenvolve – se o oitavo dos Dez Mandamentos não intervier – uma relação com a verdade baseada no interesse.

Questão 455: O que significa ser verdadeiro?

O juiz nazista Freisler sabia exatamente que os estudantes da Rosa Branca que estavam diante dele falavam a verdade. Ele usava "fatos alternativos" para eliminá-los. Eles obstruíam o caminho do poder. O poder criava a própria verdade. A jovem Sophie Scholl, de 22 anos de idade, sabia que podia salvar-se com uma mentira, mas disse na cara do furioso esbirro nazista: "Em breve, o senhor estará aqui onde agora estamos".
No mesmo dia, 22 de fevereiro de 1943, ela foi condenada à morte e decapitada pela guilhotina. Sophie Scholl era cristã; sua citação predileta era uma frase do filósofo Jacques Maritain: "É preciso ter um espírito duro e um coração brando". Sim, é disso que a gente precisa, pois o nexo entre verdade e veracidade não é negociável no horizonte de Deus. Não se permitem truques. Deve-se dar testemunho da verdade; se necessário, até o martírio. Em nenhum lugar, a história dos seguidores de Cristo é mais deslumbrante do que na longa fileira dos mártires que não cederam ao poder. Eles preferiram dar a vida a servir à mentira e à traição.

Questão 454: Em que medida a verdade da fé compromete?

Seria de imaginar que a Segunda Guerra Mundial, com seus milhões de mortes, significaria uma ruptura com a cultura da mentira. Mas já em 1949, o autor George Orwell tinha motivos para um livro profético sobre a mentira e o poder: estou falando do romance *1984*.
É como se, naquele momento, Orwell já tivesse intuído o que nos estava por vir com o politicamente correto. Orwell projeta um Estado totalitário, no qual palavras ou são proibidas ou são redefinidas; ele chama isso de novilíngua. A agência governamental de espionagem torna-se o Ministério do Amor; os campos de concentração agora se chamam campos de prazer; quem reflete torna-se ideocriminoso.

> Conhecereis a verdade, e a verdade vos tornará livres.
>
> Jo 8,32

Estamos assim tão distantes desse mundo fictício? No que diz respeito à redefinição das palavras, já temos bastante experiência, desde que a criança no ventre da mãe foi repentinamente chamada de "amontoado de células" e desde que o inconfundível aborto se tornou "interrupção da gravidez", como se após o assassinato da criança fosse possível, de algum modo, continuar a gravidez. Ainda falta muito para desmascarar a novilíngua. Quando hoje escuto a expressão "direito das mulheres", ela retine em meus ouvidos. O que se esconde por trás dessas belas palavras? Normalmente, o grupo de pressão dos partidários do aborto. "Crime de ódio" é também um conceito, no mínimo, elástico. Determinadas coisas que desagradam a uma obscura comunidade de pensadores corretos já não podem ser ditas abertamente no Facebook; do contrário, o usuário é excluído. O oitavo mandamento é mais atual do que nunca: para pessoas corajosas, honestas.

Questão 453: Que tem a ver com Deus a nossa relação com a verdade?

❞❞ Oh, Deus, que maravilha: uma ou duas pessoas que dizem a verdade podem fazer mais do que diversas outras juntas! Mediante elas, os cegos redescobrem aos poucos o caminho, e nisso Deus lhes dá alegria e os encoraja.

Santa Teresa de Ávila (1515–1582)

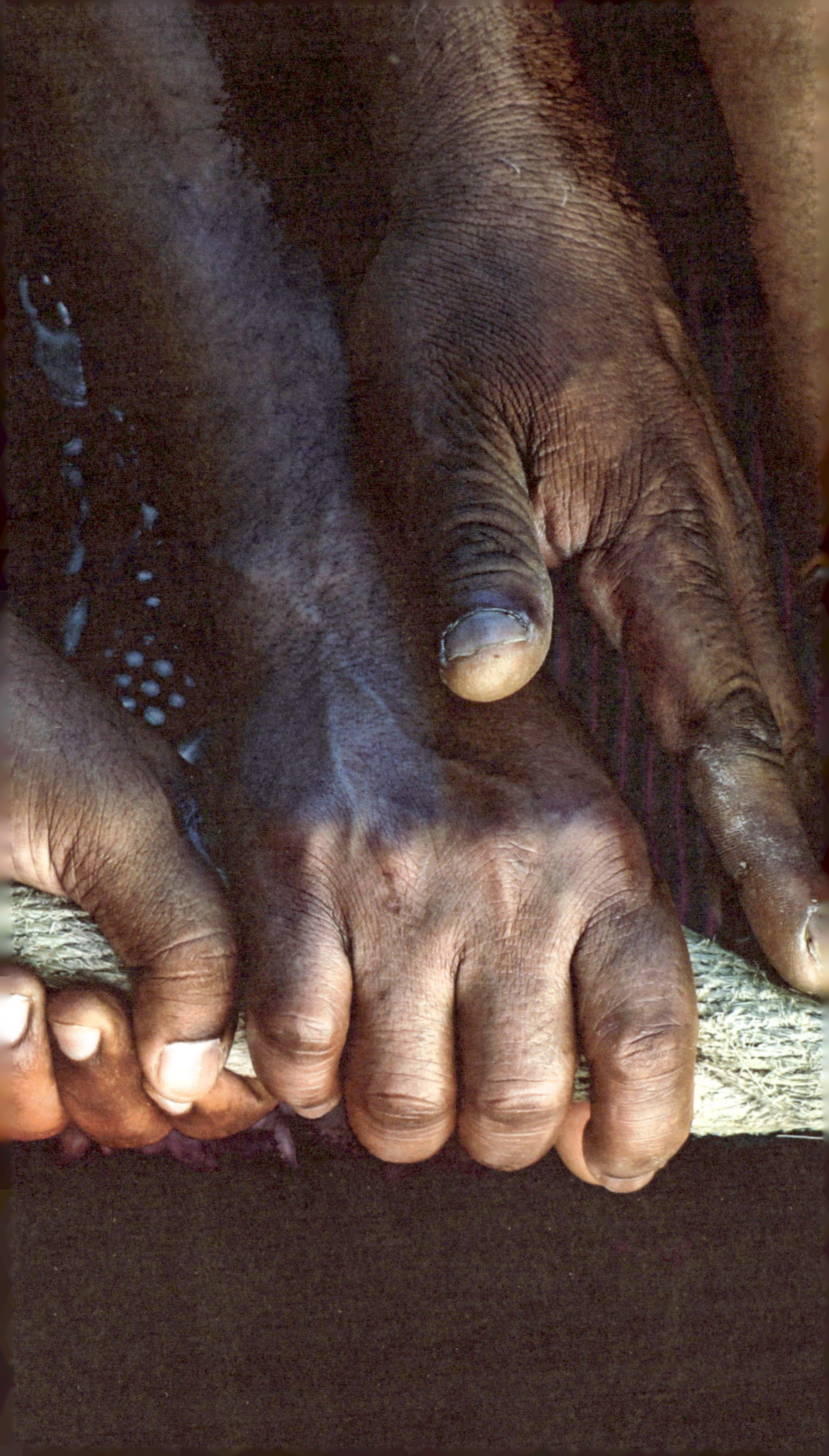

UNIDADE 21
CURSO SOBRE A FÉ

Como os cristãos agem de maneira socialmente responsável?

Aqui se trata

de por que é totalmente impossível
considerar o cristianismo como assunto privado.
Um cristão isolado não é nenhum cristão;
e quem não tiver em mente
a felicidade de todas as pessoas,
é melhor não invocar o Evangelho.

Um nome antigo para a Igreja é "mãe". Certa vez, o famoso teólogo Henri de Lubac disse: "A Igreja é minha mãe porque me deu a vida. Ela o é porque me mantém constantemente na vida e... conduz-me sempre mais profundamente nesta vida".

A dimensão maternal da Igreja conduz imediatamente à sua Doutrina Social. Com efeito, como age uma boa mãe? Ela está inteiramente preocupada com seus filhos. Se a Igreja apenas difundisse ensinamentos sábios, se apenas realizasse belas celebrações litúrgicas, se ela cuidasse tão somente da salvação das almas de seus filhos, então não seria nem Igreja nem mãe. A Igreja deve estar interessada no desenvolvimento integral das pessoas: que elas tenham o que comer e água limpa, educação e trabalho, que possam viver em segurança, que haja justiça e que as crianças dessa mãe não se dilacerem em litígios.

A história da Igreja não é somente gloriosa: os discípulos dormiam quando Jesus se angustiava até a morte. Muitos cristãos dormiam quando bruxas

---

DOUTRINA SOCIAL ➡

Questão 438: Por que tem a Igreja católica uma Doutrina Social própria?

Questão 449: Que significado têm os pobres para o cristão?

Questão 427: Por que não existe um direito absoluto à propriedade privada?

UNIDADE 21: Como os cristãos agem de maneira socialmente responsável? 137

foram perseguidas, quando escravos foram transportados por mar, quando índios foram expulsos de sua pátria, quando judeus foram levados de suas casas, quando matas tropicais foram derrubadas, quando foram construídas usinas nucleares, quando o aborto se tornou uma forma de controle da natalidade. Os ensinamentos sociais poderiam ter sido escritos em diversos países. Seu início, porém, encontra-se na Europa do século XIX, durante a Revolução Industrial. Também aqui, a Igreja só despertou quando já era tarde. Crianças matavam-se de trabalhar em carvoeiras e operários morriam de fome. Dado que os cristãos dormiam, os marxistas assumiram o trabalho deles.

Questão 439: Como surgiu a Doutrina Social da Igreja?

Só tarde, os cristãos reagiram: eles redescobriram o elemento social central do Evangelho de Mateus – esta frase revolucionária de Mt 25, com a qual Jesus se identificou com a dimensão social: "Pois eu tive fome, e vocês não me deram de comer, tive sede e não me deram de beber; eu era estrangeiro e vocês não me acolheram, estava nu e não me vestiram; estava doente e na cadeia e vocês não me socorreram. Eu lhes garanto: todas as vezes que vocês não fizeram isso a um desses mais pequeninos, foi a mim que não o fizeram".

Mt 25

Questão 465: Que atitude deve ter um cristão relativamente à propriedade alheia?

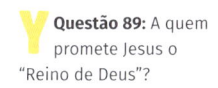

Questão 89: A quem promete Jesus o "Reino de Deus"?

❝❝ Um cristão que não é um revolucionário em nossos tempos não é um cristão de verdade.

Papa Francisco no Prefácio do DOCAT

A partir desta pequena semente se desenvolveu a Doutrina Social. O papa Leão XIII tomou-a e escreveu em sua encíclica *Rerum Novarum* uma frase contundente, que era completamente excepcional para um documento papal nesse tempo: "Reter o salário que é devido ao trabalhador é um pecado que clama ao céu!".

Questão 444: O que diz a Doutrina Social da Igreja sobre o trabalho e o desemprego?

Os princípios:
PERSONALIDADE
SOLIDARIEDADE
SUBSIDIARIEDADE
BEM COMUM

Mas, essencialmente, em que consiste esta Doutrina Social? Ela consiste em quatro princípios: o princípio da personalidade, o princípio da solidariedade, o princípio da subsidiariedade e o princípio do bem comum. O que isso significa?

Questão 323: Como pode o indivíduo integrar-se na sociedade e desenvolver-se livremente?

O **princípio da personalidade**: "O essencial deste ensinamento consiste em cada um dos seres humanos ser e dever ser o fundamento, o fim e o sujeito de todas as instituições em que se expressa e realiza a vida social" (*Mater et Magistra*, 218). A pessoa individual, em sua dignidade e liberdade, está sob a proteção de Deus e, portanto, completamente no topo; jamais deve ser "usada" como bucha de canhão ou para qualquer outro fim que seja.

O **princípio da solidariedade** determina que todos devem ajudar-se mutuamente. Somente assim pode surgir uma ordem social justa, que garanta a cada pessoa a satisfação de suas necessidades básicas. Onde o indivíduo não consegue, por si só, a satisfação de suas necessidades fundamentais, a sociedade deve intervir para ajudar.

Por **princípio da subsidiariedade** entende-se que as tarefas que podem ser assumidas por pequenas unidades também são confiadas a elas. A educação dos filhos é tarefa da família; órgãos estatais só podem intervir aí de modo subsidiário (= assistencial) se a família estiver sobrecarregada.

O **princípio do bem comum** declara que a autoridade estatal deve estar voltada para o bem comum de todos, precisamente dos mais fracos, a fim de que a sociedade não se torne campo de batalha de interesses de grupos ou de indivíduos.

Além desses quatro princípios, a Doutrina Social ocupa-se intensamente com os temas da justiça, paz e desenvolvimento ecologicamente sustentável.

> Ao intervir diretamente, irresponsabilizando a sociedade, o Estado assistencial provoca a perda de energias humanas e o aumento exagerado do setor estatal, dominando mais por lógicas burocráticas do que pela preocupação de servir os usuários com um acréscimo enorme das despesas.

Papa São João Paulo II (1920–2005)

A respeito da Doutrina Social, certa vez alguém disse que ela seria um grande "tesouro inexplorado da Igreja". Visto que ela é universal e não pode ser apropriada por nenhum poder, nenhuma nação, nenhum grupo, tampouco por nenhum conglomerado, ela tem uma força de enorme poder. Possivelmente, uma força capaz de transformar o mundo.

Questão 328: Como pode o indivíduo contribuir para o bem comum?

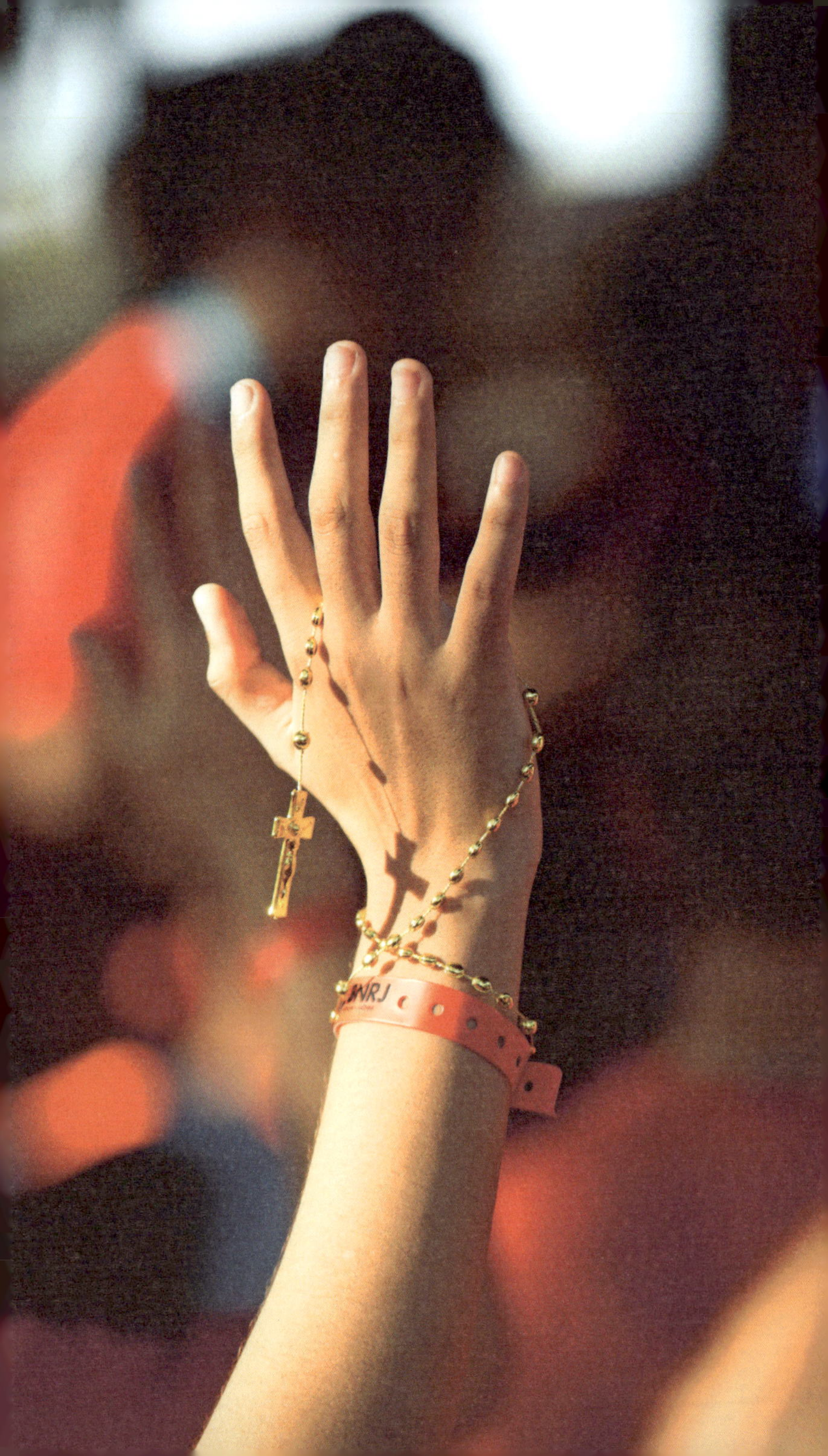

UNIDADE 22 — CURSO SOBRE A FÉ

O que é orar?

Aqui se trata

de se nossos clamores,

nossas palavras, nossas canções

chegam lá em cima. Se ele nos escuta.

Ou se nós apenas

tagarelamos ao céu,

e nossas lágrimas e nossa exultação

permanecem sem resposta —

em um universo surdo.

Questão 470:
Que sentido tem a oração para uma pessoa?

Questão 468:
Que realidade o ser humano deveria desejar mais?

A oração faz parte da vida cristã. A gente sempre escuta isso. Ainda me lembro de quando tinha mais ou menos vinte anos. De algum modo, tentava ser cristão, mas não posso dizer que eu realmente rezava. Certo dia, encontrava-me novamente em um banco de igreja. Ajoelhei-me ali; assumi, então, certa postura. Mas eu estava como que de pé, ao meu lado, observando a mim mesmo. Não perdi a calma. Eu simplesmente não conseguia mover-me. Felizmente, mais tarde, pude fazer a maravilhosa experiência de que é possível tocar outra realidade – ou melhor, ser tocado por ela. Este horizonte maior da realidade, eu chamo de presença de Deus.

Fiz uma experiência de oração particularmente profunda em Taizé. Quem ainda não ouviu falar da pequena cidade de Taizé, na Borgonha (França), fique sabendo que ali existe uma comunidade de pessoas hospitaleiras que, ano após ano, nos meses do verão, acolhem milhares de jovens. Eles vêm de toda a Europa, com frequência até mesmo da África, América e Ásia. Eles vêm porque em Taizé, de certa forma, a realidade de Deus pode ser tocada com as mãos. E esta é já a primeira experiência que se faz em Taizé: que ali se encontram pessoas que são movidas pelo mesmo desejo de Deus que eu.

Tudo bem – portanto, não estou sozinho no mundo com meu mais íntimo anseio do coração. O grande Agostinho (354-430) tinha, então, razão quando disse: "És grande, Senhor, e deve ser exaltado acima de todo louvor. E o homem, esta partícula de tua criação, quer louvar-te. Tu mesmo o incitas a isso, pois nos fizeste para ti, e inquieto está nosso coração enquanto não repousa em ti".

❝ Em minha opinião, a oração nada mais é do que um diálogo com um amigo com quem gostamos de encontrar-nos frequentemente e a sós, a fim de falar-lhe, porque ele nos ama.

Santa Teresa d'Ávila (1515–1582)

Em Taizé, nada é perfeito. Dorme-se em tendas ou em modestas barracas. Três vezes durante o dia, os sinos chamam. Surgem pessoas de todos os lados. A própria igreja é uma grande "tenda" que pode ser ampliada ou diminuída segundo a necessidade. Antes de entrar nessa igreja, a gente é confrontado com auxiliares jovens que trazem cartazes diante de si; em diversas línguas, lê-se apenas uma única palavra: Stille, Stilte, Silence, Silenzio, Silêncio. Esta é, pois, a regra fundamental da oração: sem o silêncio, não dá. Devemos desligar toda fonte de barulho, devemos também tornar-nos interiormente silenciosos e dar tempo ao tempo, a fim de que algo possa acontecer no silêncio. Então você entra nessa igreja singular em Taizé, na qual não há bancos, apenas carpetes, e você

Questão 469: O que é a oração?

Questão 503: O que é a contemplação?

🐦 **3.7:** Como posso reservar um tempo à oração?

> Orar não quer dizer ouvir a própria voz; orar significa tornar-se silencioso e ser silencioso, e esperar, até que o orante ouça a Deus.

Søren Kierkegaard (1813–1855)

é tomado por uma atmosfera de luz e de silêncio. Senta-se no chão e vê como também os monges vêm e, em silêncio e à espera de Deus, instalam-se no meio do recinto. Em algum momento, alguém entoa um canto singelo: *Veni, Sancte Spiritus...* – Vem, Espírito Santo. Aparentemente, repete-se o canto infinitamente. Esse apelo orante cala sempre mais profundamente na alma. Então, volta o silêncio. Em seguida, uma palavra de Deus que, como uma gota preciosa, cai na espelhada superfície da água de minha alma e ali produz círculos. Novamente, silêncio. Presença de Deus palpável. Saí da igreja. E poderia ter exultado: eu tinha realmente rezado!

Funciona – e você não precisa fazer muita coisa. Deus está aí. E faz...

Mas Taizé me deu ainda muito mais. Nós nos sentávamos juntos em um grupo em que jamais nos tínhamos visto; devíamos primeiramente unir-nos em uma língua comum. Líamos juntos a Sagrada Escritura, conversávamos uns com os outros a respeito, presenteávamo-nos mutuamente com intuições. E em seguida, rezávamos. Livremente, tanto quanto nosso coração nos inspirava. Lá estava novamente aquele "uau". Sentíamo-nos como na comunidade primitiva dos primeiros cristãos: "A multidão dos fiéis era um só coração e uma só alma" (At 4,32).

Questão 482: Que papel desempenhava a oração entre os primeiros cristãos?

At 4,32

> Orar significa pensar amorosamente em Jesus. A oração é a atenção da alma concentrada em Jesus. Quanto mais se ama a Jesus, tanto melhor se ora.
>
> **Charles de Foucauld** (1858–1916)

Hoje já não consigo imaginar minha vida sem a oração. Uma e outra vez, busco inspiração na Sagrada Escritura, ou recolho algumas frases que anotei para mim porque me colocam no rumo. A primeira dentre essas frases provém de Santa Teresinha de Lisieux: "Para mim, a oração significa uma elevação do coração, um simples olhar para o céu, uma palavra de gratidão e de amor em meio a toda provação, em meio a toda alegria". Isso me coloca no rumo, quando me deixo abater novamente e me sinto deprimido. Coração ao alto! Simplesmente, olhar para o alto!

Questão 491: Pode-se aprender a orar com a Bíblia?

Questão 497: Por que motivo nos ajuda, na oração, orientarmo-nos pelos santos?

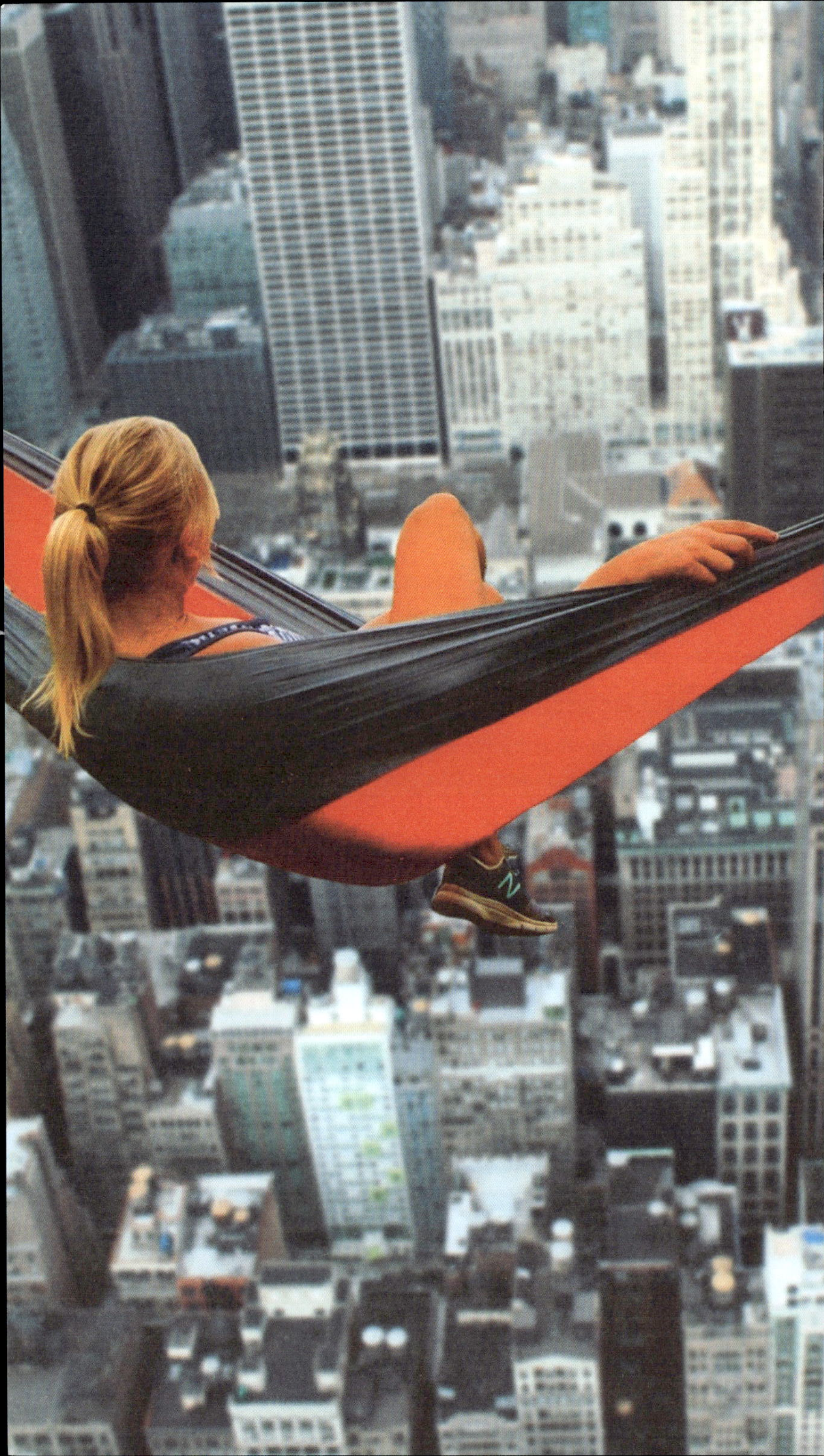

UNIDADE 23
CURSO SOBRE A FÉ

Como se pode aprender a orar?

Aqui se trata

da notícia tranquilizadora
de que, à exceção de uma louca espera,
nada mais é preciso
para avançar em direção a Deus.
O que ele quer é confiança,
proximidade,
amor, relacionamento...

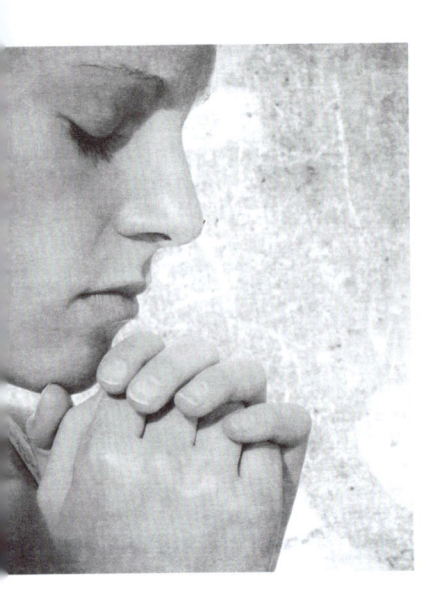

Questão 486: Por que motivo devemos pedir a Deus?

Como alguém pode aprender tango? Exercitando os passos do tango com um dançarino experiente. Como alguém pode aprender a dirigir? Confiando-se a um bom instrutor e praticando secretamente no estacionamento. Como alguém pode aprender a orar? Alguns referem-se a um método autodidata. Existe até o famoso provérbio: "A necessidade ensina a orar". Alguém que, durante a Segunda Guerra Mundial, passou noites em abrigos antiaéreos, certa vez, assegurou-me: "Creia-me, não havia ninguém ali que não orava!". Contudo, a lição não durou muito, evidentemente. Após a guerra, veio o milagre econômico – e muitos dos que haviam escapado com vida parecem ter rapidamente esquecido que, de joelhos, haviam implorado ao Deus onipotente por salvação em extrema necessidade. Pode até ter sido apenas um "acaso", dizia alguém a si mesmo, que as bombas atingiram apenas a casa vizinha.

Quando alguém aprende de modo autodidata, às vezes, acostuma-se ao erro. Poder-se-ia, por exemplo, confundir Deus com um botão de emergência: em caso de emergência, quebre o vidro! As pessoas gostariam de relacionar-se com Deus tanto quanto com a entrada de emergência no hospital. É ótimo que existe algo assim, mas o melhor é não precisar. Melhor passar pela vida sem Deus. Será? Olhando mais de perto, percebe-se como é distorcida essa visão. Madre Teresa lembrava repetidamente às suas irmãs que Deus nada mais espera de nós senão o amor: "Não é que ele apenas ama vocês, mas ainda mais, ele anseia ardentemente por vocês. Ele sente saudades de vocês quando dele não se aproximam. Ele ama-as continuamente, mesmo quando vocês não se sentem dignas desse amor. Quando vocês não são aceitas pelos outros, ou quando vocês não conseguem aceitar a si mesmas – ele é, pois, aquele que sempre as acolhe".

O que Deus quer – e para isso é que ele fez a oração – é um relacionamento. Um relacionamento de amizade. Que a pessoa se apresente. Que haja disponibilidade mútua. Que haja mútua comunicação íntima. Que possa haver confiança recíproca (tanto quanto se possa confiar no ser humano). Estar em oração nada mais é do que estar em relação. Em uma relação estável com Deus. Na vida cristã, dá-se o mesmo que no Facebook, onde você coloca seu perfil e pode também revelar seu *status* de relacionamento. Muitos escrevem aqui e ali: "É complicado". Sim, realmente é complicado, até mesmo impossível se alguém deseja ser cristão, mas apenas cumpre alguns rituais. Como pode um relacionamento permanecer vivo quando não se tem tempo algum para cuidar do relacionamento e, vale dizer, para a oração?

Questão 494: Como pode o meu dia a dia tornar-se uma escola de oração?

Questão 510: É possível orar sem cessar?

Questão 499: Quando se deve orar?

> É preciso lembrar-se de Deus com mais frequência do que se respira.

Gregório Nazianzeno (ca. 329–390)

1Ts 5,17–18

No YOUCAT, a resposta à pergunta 499 é: "Quem não ora regularmente deixará de orar em pouco tempo". Na Sagrada Escritura, Paulo chega a dizer: "Orai continuamente!" (1Ts 5,17). Subsequentemente, é claro que não se está dizendo que devamos passar o dia inteiro, desde manhã até à noite, em um por-favor-por-favor-querido-Deus. De fato, devemos clamar a Deus em nossa necessidade, mas existe um tipo de oração que é ainda mais fundamental: "Dai graças em toda e qualquer situação porque esta é a vontade de Deus, no Cristo Jesus, a vosso respeito" (1Ts 5,18).

Questão 488: Por que devemos agradecer a Deus?

Portanto, mais importante do que importunar a Deus com orações de petição (em perigo de vida, nas tarefas de classe e quando se foi, de novo, completamente substituído profissionalmente) é chegar, evidentemente, a uma permanente atitude fundamental de gratidão. E não deixar passar nenhum momento sem a grande gratidão. Também isso se pode aprender de modo autodidata, na medida em que, de olhos abertos, percorre-se o mundo e acostuma-se a direcionar sua admiração pela maravilhosa natureza ao Autor dela. Diz o Salmo 8: "Javé, nosso Senhor, como é glorioso o teu nome por toda a terra! Quando vejo teus céus, obras de teus dedos, a lua e as estrelas que firmaste, o que é o homem para dele te lembrares, um filho de homem para visitá-lo? Tu o fizeste pouco menos do que um deus, e de glória e esplendor o coroaste. Tu o fizeste reinar sobre as obras de tuas mãos, e tudo colocaste debaixo de seus pés: milhares de rebanhos, todos eles, e também as feras do campo, os pássaros dos céus e os peixes que percorrem os caminhos dos mares. Javé, nosso Deus, como é glorioso o teu nome por toda a terra!".

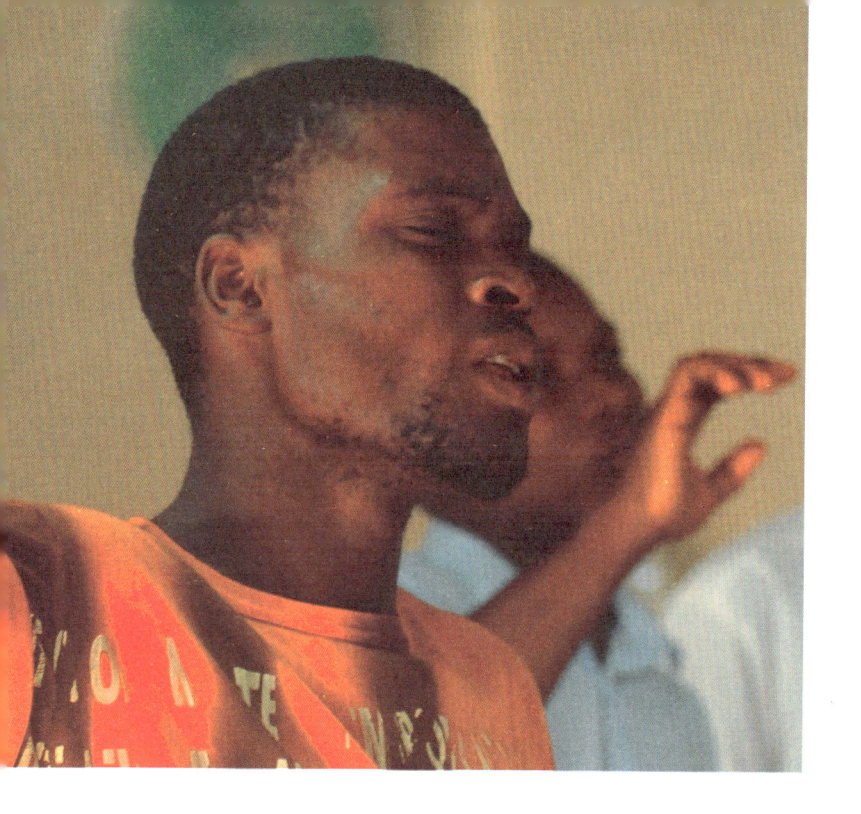

Questão 473: Que significado têm os Salmos na nossa oração?

Salmo 8

3.8: Como posso orar com um texto bíblico?

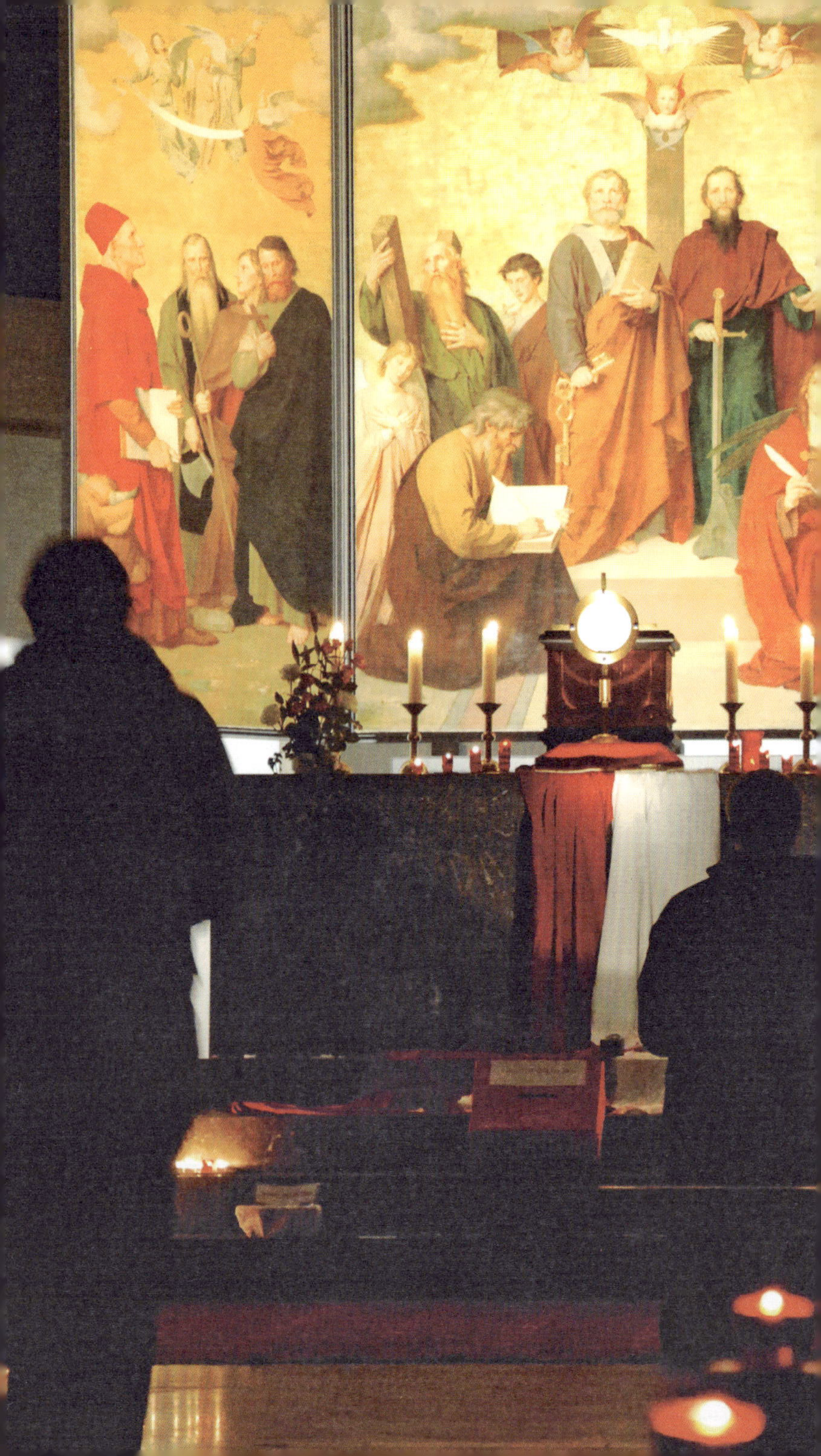

UNIDADE 24
CURSO SOBRE A FÉ

O que é adoração?

Aqui se trata

de que a pessoa humana
não deve ajoelhar-se
diante de nada nem de ninguém,
a não ser diante do Deus vivo.
No entanto, quando alguém o encontrou,
deveria ajoelhar-se não apenas em pensamento,
mas também com o corpo.

> O ser humano não consegue subsistir sem adorar algo.

Fiódor M. Dostoiévski (1821–1881)

Questão 293: Para que fim Deus nos deu as paixões?

Questão 299: O que se entende por virtude?

O que têm em comum Madre Teresa e Miley Cyrus? A maioria diria: quase nada. Miley, sem dúvida, tem melhor aparência. No entanto, Madre Teresa fez mais pelos pobres. Mas o que elas têm em comum? Paixão é o que elas têm em comum. E têm em comum o que se refere à adoração. Madre Teresa exortava à adoração aonde quer que fosse: "Se você realmente quiser crescer no amor, volte à adoração". De igual modo, há canções de Miley sobre este tema, como a canção "I adore you" [Adoro você]. Com efeito, a adoração é uma palavra apaixonante. Tem algo de submissão absoluta, louca. Pois bem: Miley deve servir à sua imagem selvagem; ela precisa do que é provocante. Por exemplo, em palco aberto, ela acendeu um baseado. Então, mandou ver esta canção: "When you say you love me / Know I love you more / And when you say you need me /

Know I need you more / Boy, I adore you / I adore you" [Quando você diz que me ama / Saiba que o amo mais / E quando você diz que precisa de mim / Saiba que eu preciso mais de você / Cara, eu te adoro / Eu te adoro]. Será que ela fala sério? Quem se prostra diante de outro ser humano, aparentemente, está demonstrando um mega-amor. Ao mesmo tempo, apequena-se: você pode fazer comigo o que quiser! O adorador renuncia à sua dignidade e à sua vontade. Visto de modo pragmático, ele deve contar com a possibilidade de um dia ser rejeitado pelo objeto de sua adoração e ser chutado para longe como um resto de lixo. A indústria de entretenimento americana produz, diariamente, besteiras deste tipo: três meses de adoração, depois separação via WhatsApp, lágrimas, drama, fim do mundo, novo amor eterno, e assim por diante. No caso de Madre Teresa e de suas irmãs, pode-se ter certeza de que a adoração delas não se aplicava nem se aplica a nenhum bonitão de abdômen sarado. Quando Madre Teresa dizia: "Eu te adoro", era sempre em relação a Deus.

Mas, então, a gente deve submeter-se absolutamente? Rebaixar-se a esse ponto? Humanamente, é admissível que alguém se faça totalmente pequeno e o outro totalmente grande? A gente deve prostrar-se diante de alguém, caso este "alguém" seja Deus? A resposta é: a gente não deve prostrar-se diante de nada nem de ninguém neste mundo; não há nada digno de adoração no mundo. Só é permitido prostrar-se diante do verdadeiro Deus. Prostrar-se em adoração diante de qualquer não deus – a isso se chama idolatria. Agora, a coisa se inverte: quando você reconhece o verdadeiro Deus, não é apenas admissível que você se

❝ O que eu entendo por orar não é a recitação de orações aprendidas de cor, mas a simples adoração, com ou sem palavras; perseverar aos pés de Deus na vontade, com a intenção de adorá-lo.

Beato Charles de Foucauld (1858–1916)

Questão 485: Por que adoramos Deus?

1Cor 4,7

prostre – você se prostrará. De fato, é verdade: Deus é tudo. Você não é nada. "Que tens que não tenhas recebido?" (1Cor 4,7).

Questão 355: O que significa "Não terás outros deuses além de mim"?

Certa vez, disse padre Hans Buob: "De nós mesmos, temos apenas nossos pecados". Tudo o mais temos de Deus. O ato fundamental da fé cristã é submeter-se ao verdadeiro Deus. Portanto, a adoração é vista como a oração de todas as orações. No entanto, esta oração pressupõe que não se caia nas mãos de um falso deus.

> Onde Deus se torna grande, o ser humano não se torna pequeno: o ser humano se torna grande, e o mundo se torna radiante.

Papa Bento XVI, 11.09.06

Questão 493: O que identifica uma oração cristã?

Questão 496: Para que precisamos do Espírito Santo quando oramos?

Fl 2,6–8

Como é que Madre Teresa sabia que estava difundindo a adoração ao verdadeiro Deus? De fato, há religiões no mundo cujo deus eu não gostaria de cultuar. Um deus que não é bom para com todos, mas prefere determinadas nações e não pode suportar outras – isto é, na melhor das hipóteses, uma caricatura de Deus que não é digna de ser olhada nem por um instante. Madre Teresa ajoelhou-se diante de um Deus que, em Jesus Cristo, tornou-se inimaginavelmente humano: "Ele estava na forma de Deus, mas renunciou ao direito de ser tratado como Deus. Pelo contrário, esvaziou-se a si mesmo e tomou a forma de servo, tornando-se semelhante aos homens. E encontrado na figura de homem, rebaixou-se a si mesmo, fazendo-se obediente até a morte, e morte de cruz" (Fl 2,6-8). Nada de um governante mundial dominador, mas um servo universal, infinitamente amável!

Em seguida, ela descobriu este pedacinho de pão no ostensório: corpo de Cristo, presente hoje, comestível hoje, visível hoje, presença de Deus nas imediações. "Eu sou o pão da vida. Quem vem a mim não terá

> Contemplo-te com alegria e não me canso de olhar; e porque agora nada mais consigo fazer, permaneço em adoração. Oh, quem dera fosse minha mente um abismo, e minha alma um vasto oceano, para que eu pudesse te conter.

Paul Gerhardt (1607–1676)

mais fome, e quem crê em mim nunca mais terá sede" (Jo 6,35). Madre Teresa cumpriu isso com alegria: "Ele está, de fato, pessoalmente ali e espera apenas por você". Desse momento em diante, ela passava seu "tempo livre" de preferência diante de Deus. E ela sentiu que a presença divina resplandecia, que realmente era recebida pela adoração. "Quando começamos a adoração diária, nosso amor a Cristo tornou-se mais íntimo, nosso amor mútuo mais compreensivo, nosso amor pelos pobres mais compassivo, e o número de vocações dobrou. Deus abençoou-nos com muitas vocações maravilhosas. O tempo que gastamos em nossa audiência cotidiana com Deus é a parte mais valiosa de todo o dia."

Jo 6,35

Questão 218: Como devemos venerar corretamente o Senhor presente no pão e no vinho?

3.14: Como gasto o tempo da adoração?

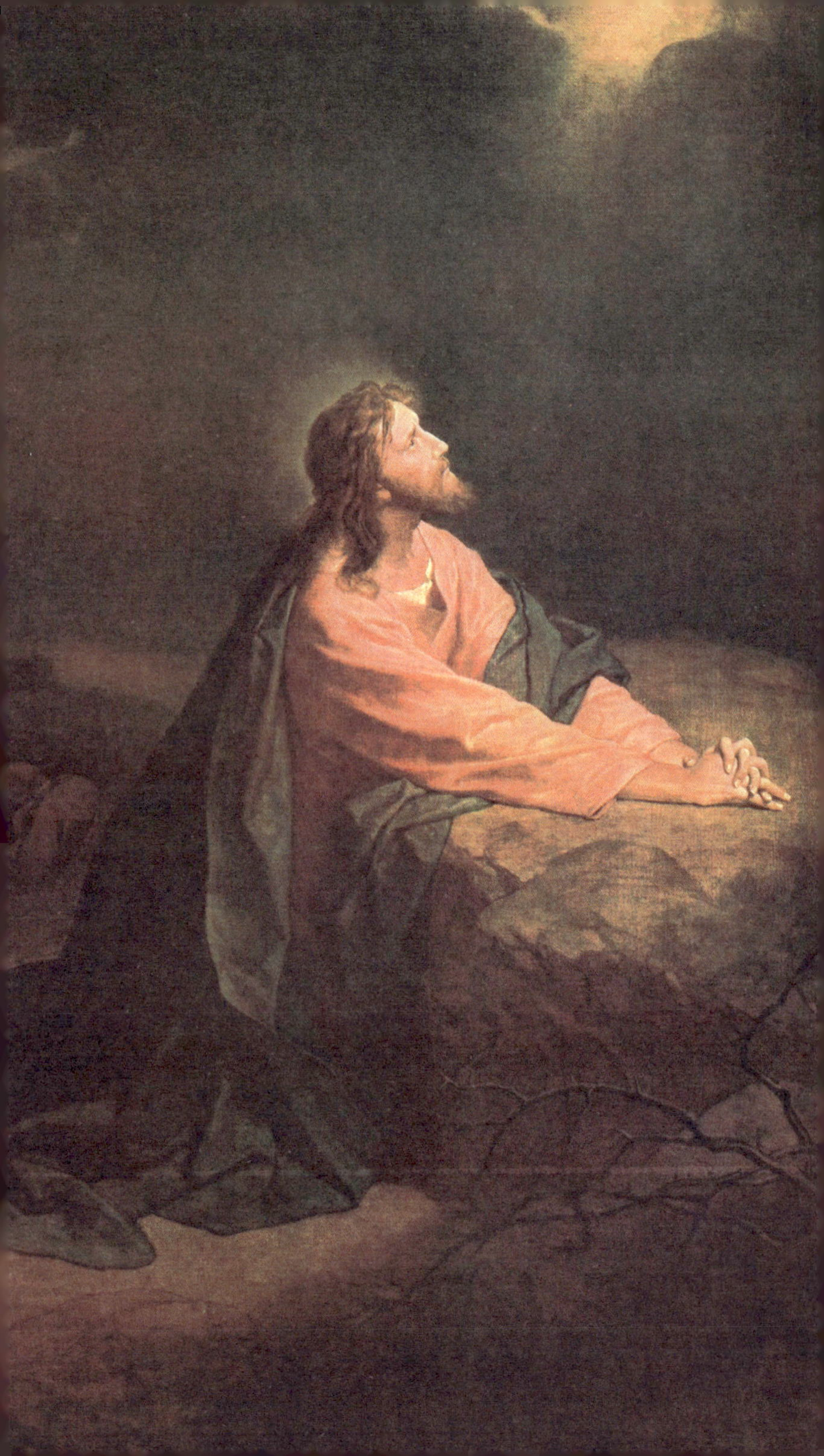

UNIDADE
25
CURSO SOBRE A FÉ

Como Jesus nos ensina a orar?

Aqui se trata

de que nossa oração humana
precisa frequentar a escola de Jesus.
Rezar o pai-nosso significa
entrar nas palavras de Jesus,
como se, em suas pegadas,
seguíssemos por um caminho infalível
ao âmago de todas as coisas.

Questão 473: Que significado têm os Salmos na nossa oração?

Abba! Papai!

Questão 475: Como Jesus orava?

Questão 476: Como Jesus orou perante a sua morte?

Lc 22,42

É preciso aprender a orar – disso já sabiam os discípulos de Jesus. No judaísmo, sempre se orou, até mesmo de maneira muito veemente e bela. Bastam os Salmos para comprovar isso – textos vigorosos que ainda hoje, dia após dia, são falados por milhões de pessoas em todo o mundo. No entanto, a instrução que foi transmitida aos discípulos na infância, na sinagoga, na casa dos pais ou por um rabi não lhes bastava. Para eles, Jesus era o especialista nas coisas de Deus e o Número Um na oração. Eles viam não apenas como ele sempre se retirava para a solidão a fim de orar. Eles sentiam que ele estava permanentemente "em relação" e que sua vida interior se encontrava sempre em um tipo de radiocomunicação. Às vezes, assim contam os evangelistas, os discípulos tiravam Jesus da oração. Em uma dessas ocasiões, talvez eles tenham testemunhado fragmentos de diálogo, tais como os narrados pelo evangelista Lucas da cena no monte das Oliveiras: "Pai, se quiseres, afasta de mim este cálice; contudo, não seja feita a minha vontade, mas a tua!" (Lc 22,42).

> ❝ Deus jamais deixa de ser o Pai de seus filhos.   **Santo Antônio de Pádua** (1193–1231)

Questão 477: O que significa aprender a orar com Jesus?

Em momentos como esse, os discípulos deviam perceber quão intensa era a ligação de Jesus com o alto. O Senhor e Mestre deles lutava literalmente com seu Deus: "Entrando em agonia, Jesus orava com mais insistência. Seu suor tornou-se como gotas de sangue que caíam no chão" (Lc 22,44). E assim, certo dia, os discípulos dirigiram-se a Jesus, quando ele "havia terminado de orar". Disseram-lhe: "Senhor, ensina-nos a orar, como João ensinou a seus discípulos" (Lc 11,1).

Lc 22,44

Lc 11,1

Que truques e dicas Jesus tinha a esse respeito? Como isso funcionava? Quantas vezes ao dia? A pessoa deveria retirar-se para o deserto, lançar-se por terra? Elevar as mãos ao céu? Ou como? Jesus ficou a dever-lhes uma resposta. Em todo caso, a Bíblia não a dá a nós. Em vez disso, ele deu aos discípulos (e, portanto, a nós) uma oração-modelo. Todos a conhecemos: o pai-nosso. Podemos ter certeza: orar este pai-nosso é entrar nas palavras de Jesus, como se, em suas pegadas, seguíssemos por um caminho infalível ao âmago de todas as coisas.

Questão 474: De que modo Jesus aprendeu a orar?

Aonde é mesmo que o pai-nosso nos conduz? A primeira palavra já o diz: ao nosso Pai. A esse respeito, nada mais nos vem à mente. Para ouvidos judaicos, era diferente. Deus era considerado o Santo, o Inacessível, o Inefável. Jesus deixa claro: este excelso Deus é universalmente responsivo e pode ser interpelado com uma palavra humana primordial, com a palavra pai. Certamente, os discípulos devem ter percebido que Jesus chamava a Deus de "Pai". Com efeito, o Senhor deles tinha também uma singular relação entre pai e filho com Deus.

Questão 514: Que lugar ocupa o pai-nosso entre as orações?

Questão 515: De onde vem a confiança de chamar "Pai" a Deus?

Lc 15,11–32

Agora, porém, Jesus encorajava todos a dizer Pai. Ele democratizou sua maneira de dirigir-se a Deus. Isso era inaudito. Jesus aproximou de Deus o orante como nunca antes. Imaginar que "o de lá de cima" seria como o pai misericordioso da parábola do filho pródigo (Lc 15,11-32) – isso era praticamente uma revolução religiosa. O pai-nosso revolucionou o relacionamento da humanidade com Deus. Aquele Deus antigamente tão distante, agora, é alguém que se pode tratar de tu. Deus é aquele para quem se pode retornar de todas as catástrofes e desmoronamentos da vida – e encontrar braços abertos. O novilho gordo é abatido. Convém uma festa.

> Ensina-me a servir como mereces; dar sem contar, lutar sem ligar para meus ferimentos... comprometer-me sem esperar outra recompensa senão a consciência de ter cumprindo tua vontade.

Santo Inácio de Loyola (1491–1556)

1Sm 3,9

Dt 6,4

Depois da invocação "Pai", há um segundo foco que impregna a oração do Senhor: "Seja feita a vossa vontade!". Jesus retoma a marcante experiência do povo de Israel: que Deus fala, que ele chama, e que tudo o que importa é que este apelo seja reconhecido e seja obedecido em ilimitada confiança. Assim o fez Abraão, assim o fez Isaac, bem como Jacó, os profetas: "Fala, Javé, que o teu servo escuta" (1Sm 3,9). Ainda hoje, o povo de Israel orienta-se pela fórmula: "Escute, Israel! Javé nosso Deus é o único Javé" (Dt 6,4). Qual é a vontade de Deus? Orar o pai-nosso é exercício de toda uma vida na arte de deixar nossas coisas e buscar as coisas de Deus apaixonadamente. Charles de Foucauld, um dos maiores mestres espirituais do século XX, chegou a uma empatia tão profunda com o pai-nosso que o prolongou de maneira maravilhosa: "Meu Pai, eu me abandono a ti. Faze de mim o que quiseres. O que quer que faças comigo, agradeço-te. Estou disposto a tudo, aceito tudo. Contanto que tua vontade se cumpra em mim e em todas as tuas criaturas, outra coisa não desejo, meu Deus. Em tuas mãos, coloco minha alma, dou-a a ti, meu Deus, com todo o amor de meu coração, porque te amo e porque este amor me impele a doar-me a ti, a colocar-me em tuas mãos, sem medida, com infinita confiança – pois tu és meu Pai".

Questão 521: O que significa dizer "Seja feita a vossa vontade, assim na terra como no céu"?

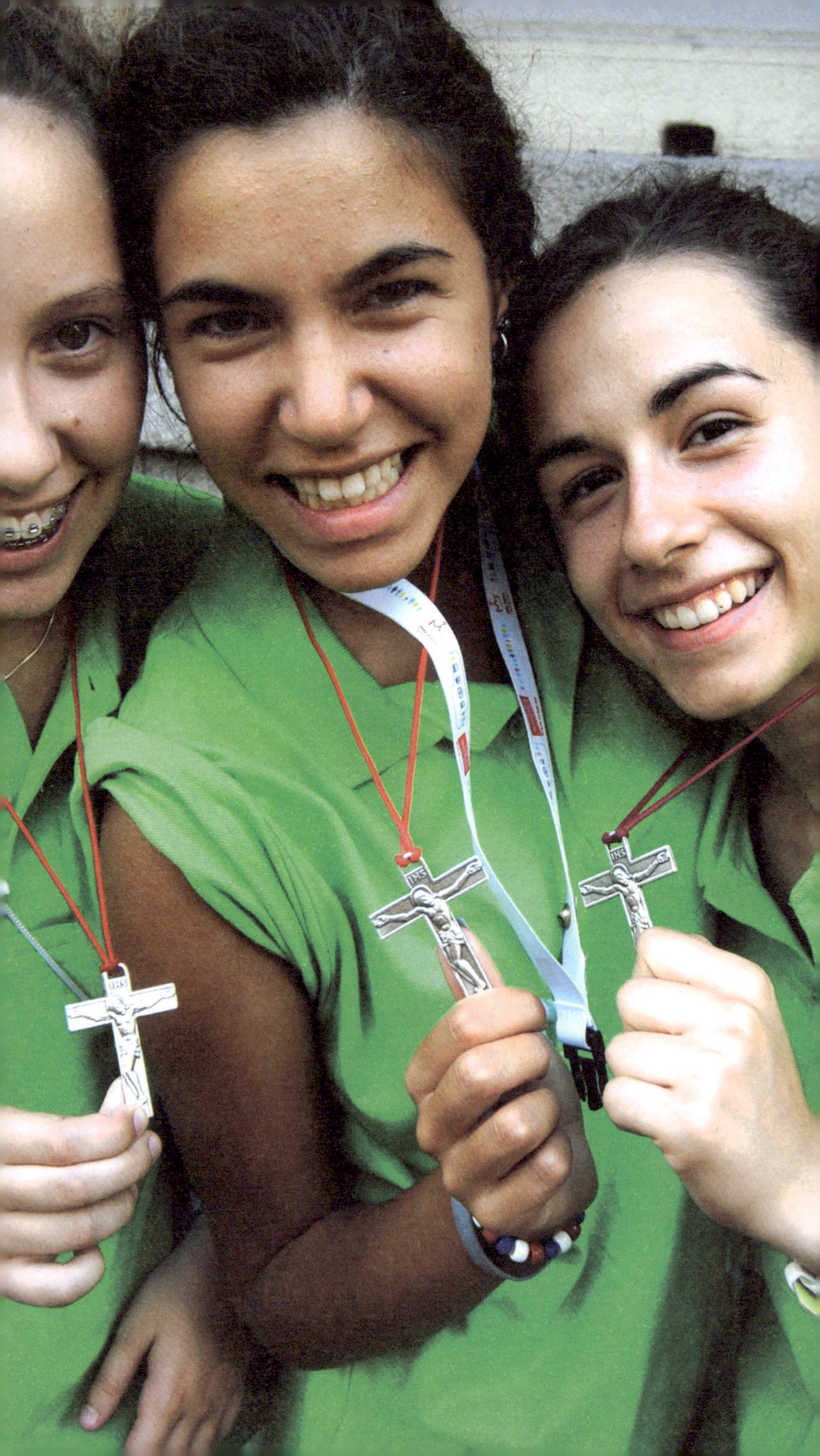

UNIDADE 26
CURSO SOBRE A FÉ

Como dizemos sim a Deus?

Aqui se trata

da saída de um cristianismo de palavras vazias.

E da entrada em um cristianismo do compromisso.

Possivelmente, vai custar-lhe a carreira,

os amigos, a boa fama.

Mas você ganhará a vida.

Um encontro fugaz com Deus

torna-se uma grande história.

Questão 165: Por que dizemos "amém" ao terminar a confissão de nossa fé?

Muita gente se inquieta pelo fato de, na Igreja, ser sempre estimulada a dizer "sim" a conteúdos sobre os quais jamais refletiu com precisão. Você crê em Deus? Quem é que pode dizer isso exatamente?... Talvez em bons momentos ou quando as coisas não vão bem [financeiramente, inclusive]. Você renuncia a Satanás? Ufa!... Vocês estão dispostos a educar na fé os filhos que Deus lhes enviar? Diz-se em seguida sim e amém, pois ninguém quer ser estraga-prazeres. O pároco, então, já não interroga mais detalhadamente.

Jesus fez diferente. O capítulo 6 do Evangelho de João é coisa pesada. Um carpinteiro de Nazaré, que até então não se havia sobressaído, apresenta-se: "Eu sou o pão da vida; quem vem a mim não terá mais fome, e quem crê em mim nunca mais terá sede" (Jo 6,35). Não somente os fariseus ficam fora de si – também os amigos restam perplexos. Se assim for: "Esta palavra é dura. Quem consegue escutá-la?" (Jo 6,60). Alguns se vão decepcionados. Jesus confronta os outros que

Jo 6,35

Jo 6,60

permanecem: "Vós também quereis ir embora?". Este é o momento em que Pedro diz: "A quem iremos, Senhor? Tu tens palavras de vida eterna" (Jo 6,68). Pedro expressou exatamente a opinião de alguns. Eles terão exclamado "amém". Esta palavra aparece 152 vezes somente no Novo Testamento. É uma fórmula de afirmação. Jesus recorre a ela quando tem algo muito importante a comunicar: "Amém, amém, vos digo: se alguém guardar a minha palavra, nunca verá a morte" (Jo 8,51). Quando os ouvintes dizem amém, isto significa algo como: exatamente! Cem por cento correto! Esplêndido! Totalmente de acordo! Desde os tempos de Jesus, o "amém" tornou-se inflacionário. Praticamente nenhuma oração termina sem que todos digam: "Amém". Com que frequência isso não é dito, possivelmente, sem interesse e distraidamente? Temos todos os motivos para voltar a transformar esta fórmula vazia em um ato de compromisso: Sim, Senhor, eu creio em ti. Amém! Sim, Senhor, tu tens palavras de vida eterna. Amém.

Jo 6,68

Questão 527: Por que terminamos o pai-nosso com a palavra "amém"?

Que Jesus exija escuta e obediência, isso ainda continua em vigor. Um cristão católico escuta não somente Jesus – ele escuta também a Igreja que o aproxima de Jesus na Palavra e no sacramento. O próprio Jesus transmitiu sua autoridade à Igreja, que deve ensinar, anunciar e exigir o amém no Espírito Santo: "Quem vos escuta, a mim escuta; e quem vos despreza, a mim despreza; ora, quem me despreza, despreza aquele que me enviou" (Lc 10,16). Hoje em dia, prefere-se ocultar o canto "Fest soll mein Taufbund immer stehen, ich will die Kirche hören..." [A aliança do meu batismo deve permanecer sempre firme, quero ouvir a Igreja...], embora, teologicamente,

Questão 24: O que tem a minha fé a ver com a Igreja?

Lc 10,16

ele expresse com precisão a questão. Mas, então, a verdade é concreta – e quando um cristão católico diz: "Gosto de escutar Jesus, mas quanto à Igreja, por mim, pode ir às favas com sua doutrina", então também não leva Jesus a sério.

4.17: Como alguém se torna santo?

Certamente, a Igreja vive menos de rígida obediência do que de um consentimento mais íntimo a Deus, como o consentimento de uma virgem. Antigamente, dizia-se em um sussurro de admiração: "Ela pronunciou seu *fiat*". As pessoas não receavam que alguém pensasse na marca de automóveis italiana do mesmo nome. Todas elas conheciam a história da menina de Nazaré, de seus quinze ou dezesseis anos, que recebeu a visita de um anjo divino que lhe trouxe uma proposta absolutamente impossível. A jovem deveria ser mãe de uma criança divina, e isso inteiramente sem o auxílio de um homem. Falamos de Maria e do fato de crermos que Deus só pôde vir ao mundo porque houve este amém, este consentimento, esta aprovação de Maria. *Fiat* vem do latim e significa: "Assim é que deve acontecer!". Mediante o amém, um indeterminado acreditar-que-é-verdade torna-se doação. Doação que responde à doação de Jesus, que disse "sim", ele próprio, à travessia da cruz.

Questão 84: Maria foi apenas um instrumento de Deus?

> Os mártires da Igreja primitiva morreram por causa de sua fé em Deus, que se havia revelado em Jesus Cristo, e assim, também morreram pela liberdade de consciência e pela liberdade de professar a própria fé – por uma confissão que não pode ser imposta por nenhum estado, mas que somente por meio da graça de Deus, na liberdade da consciência pessoal, é que alguém pode torná-la própria.

Papa Bento XVI

🙶 Viva de tal maneira que amanhã você possa morrer como mártir.

Beato Charles de Foucauld (1858–1916)

Em certa medida, Maria é o modelo da fé. Ela abre espaço em si para Deus, traz Deus ao mundo. Em sua própria carne, o Deus de Deus, o verdadeiro Deus de Deus verdadeiro, assume a carne. E ela testemunha e canta: "O Poderoso fez para mim coisas grandiosas". Maria é a primeira testemunha de Jesus. Doravante, é cristão quem for testemunha de Jesus. A palavra grega para testemunha é *martyria*. A testemunha é, portanto, o "mártir". Uma pessoa que, se preciso for, vai à morte por Jesus e pela verdade do Evangelho.

Questão 82: Não é chocante chamar "Mãe de Deus" a Maria?

Em fevereiro de 2015, o Estado Islâmico publicou um vídeo de propaganda. Os esbirros do EI haviam arrastado um grupo de cristãos a uma praia no Líbano a fim de ali, diante de uma câmara ligada, cortar-lhes a garganta. Com o vídeo, pretendia-se difundir "uma notícia escrita com sangue para a nação da cruz". No vídeo, ouvem-se nitidamente duas palavras: "*Jarap Jesoa*" – Senhor Jesus!

Questão 454: Em que medida a verdade da fé compromete?

DO *CURSO SOBRE A FÉ* AO GUIA DE ESTUDO

Aqui você
conheceu *temas fundamentais da fé*. Insistentemente, você foi convidado a procurar **perguntas do Catecismo** no YOUCAT, a fim de compreender ainda melhor a fé da Igreja católica. Agora você tem um grupo ou um círculo de amigos, e gostariam de fazer alguma coisa juntos, para experimentar, uns com os outros, nova alegria na fé. Por que não convidar para um diálogo regular em torno da fé?

Como se faz
Complicado? Não, muito simples! Justamente para isso é que foi desenvolvido o Guia de Estudo YOUCAT, que pode ser baixado gratuitamente. O Guia de Estudo YOUCAT tem 26 partes, como o *Curso sobre a fé*: para cada tema do *Curso sobre a fé*, existe paralelamente o Guia de Estudo correspondente. O Guia de Estudo tem sempre a mesma estrutura.

Cinco elementos
- Oração
- Bíblia
- Perguntas YOUCAT
- Questões para debate
- Um desafio (= tarefa)

Cinco vantagens
- Não é preciso nenhum tipo de preparação
- Não se requer nenhuma outra mídia
- Modelos comprovados para trabalho em grupo
- Espaço para iniciativa própria
- A abertura ideal para o diálogo da fé

O *Curso sobre a fé* oferece ao guia de um grupo o horizonte para o diálogo. Mas também há outra coisa em giro: participantes do grupo podem lê-lo para aprofundamento.

O objetivo de tudo
Adquirir convicções que nos fortaleçam em nossa identidade de cristãos católicos e nos tornem seguros na transmissão da fé.

DO *CURSO SOBRE A FÉ* AO GUIA DE ESTUDO 171

1. O que nós conhecemos sobre Deus?

ORE

Meu Senhor e meu Deus!
Eu sei tão pouco sobre você. Às vezes eu penso que você está muito distante de mim. Venha até mim, em meu coração e na minha mente, para que aumente a minha confiança e eu aprenda mais sobre ti.
Amém.

CONTEMPLE

Uma pessoa lê a passagem bíblica em voz alta. Pequeno silêncio.

Partilha: O que particularmente te chamou a atenção?

ESTUDE

1. Leia o texto do YOUCAT uma frase de cada vez. Então uma pessoa lê o texto completo em voz alta.

2. Três minutos de silêncio.

3. Cada pessoa lê uma palavra ou frase em voz alta (sem comentar) que tenha chamado a atenção.

4. Explique brevemente no momento seguinte o porquê de ter escolhido a frase (ex: memórias, questionamentos, etc.).

DISCUTA

Por fim, discuta seus próprios questionamentos deste tópico!

Livro dos tesouros: Separe cinco minutos para escrever tudo que deseja se lembrar.

CHALLENGE

Nossos DESAFIOS são somente sugestões que você pode adicionar às reuniões do guia de estudo. Você pode também substituí-los por mais fortes, mais adequadas, mais originais ou melhores. Entre em contato conosco pelo e-mail feedback@youcat.org.

#YOUCATChallenge: *Compartilhe sua experiência no Facebook ou Instagram.*

Guia de Estudo YOUCAT

Romanos 1, 20

Desde a criação do mundo, as perfeições invisíveis de Deus, o seu sempiterno poder e divindade, se tornam visíveis à inteligência, por suas obras; de modo que não se podem escusar.

4 Podemos descobrir a existência de Deus com a nossa razão?

Sim, a razão humana pode, seguramente, descobrir Deus. [31-36, 44-47]

O mundo não pode ter origem nem fim em si mesmo. Em tudo o que existe está mais do que aquilo que se vê. A ordem, a beleza e o desenvolvimento do mundo apontam para fora de si mesmos e remetem para Deus. Cada pessoa humana está aberta ao Verdadeiro, ao Bom e ao Belo. Ela escuta, dentro de si, a voz da consciência, que a impele para o bem e a adverte do mal. Quem segue esta pista encontra Deus.

1. Você já sentiu a existência de Deus?

2. Como você sabe se uma pessoa está aberta para aquilo que é verdadeiro, bom e belo?

3. Como você pode reconhecer Deus com sua razão?

4. Você concorda com a seguinte frase: "nada vem do nada"?

Pergunte a uma pessoa ao seu redor como ela reconheceu Deus na vida dela e compartilhe o que você ouviu na próxima reunião com o seu grupo de estudo.

Você aceita esse desafio?

www.youcat.org ©2019 YOUCAT Foundation. Todos os direitos reservados.

Índice de nomes

Abraão 14, 86, 162
Abrell, Jakob 70
Alice no País das Maravilhas 129, 131
Antônio de Pádua 160
Agostinho 18, 56, 71, 107, 142

Bariona 36s
Barth, Karl 18
Baudelaire, Charles 75
Beethoven, Ludwig van 87
Bento de Núrsia 80s
Bento XVI, papa 20, 26, 27, 32, 38, 55, 62, 92, 121, 124s, 156, 168
Bernanos, Georges 36
Bernardo de Claraval 37, 49
Bonhoeffer, Dietrich 45
Buda 51
Buob, Hans, padre 155

Calvino, João 31
Câmara, Hélder, arcebispo 51
Camus, Albert 99
Cano, Melchior 30, 31
Carrol, Lewis 131
Chanceler 21
Chesterton, Gilbert Keith 93
Claudel, Paul 36
Conklin, Edwin G. 14
Conway, Kellyanne 130
Crowley, Aleister 119
Cyrus, Miley 154

Dawkins, Richard 15
Dick, Klaus, bispo emérito 106s
Diogneto 7

Diocleciano, imperador 25
Don Camillo 91
Dostoiévski, Fiódor M. 99, 154

Einstein, Albert 21
Erlkönig 62

Foucauld, Charles de 33, 89, 145, 155, 162, 169
Francisco de Assis 76, 112, 115
Francisco de Sales 44, 50, 109
Francisco, papa 30, 32, 49, 69, 100, 114, 137
Freisler, Roland 132
Freud, Sigmund 36
Frisch, Max 130
Fromm, Erich 98
Fussenegger, Gertrud 102

Gerhardt, Paul 157
Goethe, Johann Wolfgang von 62
Gregório Nazianzeno 150
Grünewald, Matthias 48, 51
Guardini, Romano 43

Hamlet 15
Humpty Dumpty 131

Inácio de Loyola 162
Isaac 162
Isenheimer Antoniter 48, 51

Jackson, Michael 21
Jacó 162
Jerônimo 30
Jó 43
João Batista 69, 161

João Paulo II, papa 115, 119, 139
João, apóstolo 69
Judas Iscariotes 58, 82

Kamphaus, Franz, bispo 36
Kant, Immanuel 114
Kermani, Navid 109
Kierkegaard, Søren 144
Knox, John 31

Lec, Stanislaw 106
Leibniz, Gottfried Wilhelm 42
Leão XIII, papa 137
Lewis, Clive Staples 15, 39, 120
Lubac, Henri de 136
Lucas, evangelista 160
Lutero, Martinho 30s, 112

Madre Teresa 87, 148, 154–156
Maria, Mãe de Deus 38, 39, 54, 168s
Maria Madalena 58, 94
Maritain, Jacques 132
Martin Luther King 87
Mateus, evangelista 114
Meuser, Bernhard 58
Mey, Reinhard 118, 120
Michelangelo Buonarrotti 87
Monsanto 76
Moisés 124
Mr. Bean 48
Müntzer, Thomas 31

Nestório 39

Newman, John Henry 43, 106
Nietzsche, Friedrich 74

Orwell, George 132
Oster, Stefan, bispo 9, 71

Pallotti, Vicente, São 27
Pascal, Blaise 26
Paulo, apóstolo 44, 69, 109, 150, 155, 167
Pedro, discípulo 58, 64, 69, 167

Saint-Exupéry, Antoine de 100
Sanctus, diácono 64
Sartre, Jean-Paul 36s, 38
Saturnino, mártir 127
Schelling, Friedrich Wilhelm Joseph 12
Sherine, Ariane 15
Scholl, Sophie 132
Schönborn, Christoph, cardeal 115
Schwartz, Tony 130
Shakespeare, William 15, 32, 87
Sócrates 76
Spaemann, Robert 76

Teresa de Ávila 30, 94, 133, 143
Teresa de Lisieux 145
Trump, Donald 27, 76, 129

Vianney, João Maria (Cura d'Ars) 83

Weinstein, Harvey 76

Zaqueu 58
Zuínglio, Huldrych 31

Índice de palavras-chaves

Aborto 113, 119, 133, 137
Absoluto 76
Abuso 93
Ação social 135
Admiração 13, 151
Adocionismo 38
Adoração 153–157
Adultério 101, 106
Agir, bem 105
Agnosticismo 14
Alma 115
Altar 48
Altar matrimonial 97
Amém 166–168
Amigos de Jesus 88
Amor 24, 37, 50, 58, 98s, 105, 107, 157
Amor a si mesmo 109
Amor ao próximo 109, 175
Amor aos inimigos 109
Amor de Deus 44, 108, 148
Amor de Deus e do próximo 108s
Amor, casto 101
Animais 42
Anseio 142
Anseio de amor 109
Anticristo 36
Antigo Testamento 13, 14, 30, 86, 107, 109, 124, 126
Antiguidade 8, 33
Anúncio 59, 88
Anúncio do Senhor 54, 168
Apelo de Deus 86
Apocalipse 15, 17, 21, 32, 86
Apóstolos, "Doze" 69, 81, 82, 83, 88
Aprender a orar 147–151, 159–163
Ateísmo 14
Ateu 36
Atos dos Apóstolos 64
Auschwitz 76
Autodestruição 119

Batismo 61s
Batismo de sangue, martírio 63s, 132
Bela aparência 112, 116
Beleza 76
Bem 14, 120
Bem-aventuranças 114
Bem comum 138
Bens de Deus 42
Bíblia 29–33, 55s, 68, 125, 145
Biografia 85
Bispo 88, 92, 94
Boa Notícia 27
Budismo 51

Câmaras de gás 75
Caminho para Deus 23
Campo de concentração 132
Cântico dos Cânticos do amor 102
Capacidade de relacionamento 95
Carência de sacerdotes 94
Cartago 25
Casar-se 97–103
Castidade 92, 101
Catecismo 8s
Celibato 88–89, 91–95
Célula 19
Cena no monte das Oliveiras 160
Céu 27, 83
Chamado de Deus 162
Compaixão 76, 115
Comunhão 56
Comunidade primitiva 145
Concílio de Éfeso 39
Concílio Vaticano II 56
Confiança 25, 50, 163
Confirmação 67–71
Confissão 73
Confissão de fé 168
Confissão dos pecados 76
Conhecimento 24
Conklin, Edwin G. 14
Consciência 18s, 106s, 168
Consenso matrimonial 102
Constituição da República Federal da Alemanha 113
Controle da natalidade 137
Conversão 64, 69
Coragem de ser diferente 8
Corpo 70

Corpo de Cristo 56, 81s, 156
Cremação 49
Criação 18, 42
Criação do ser humano 98
Crise 7
Crise da Igreja 88
Cristãos das ordens religiosas 88, 92
Cristãos oriundos do paganismo 126
Cristianismo 7–9, 21, 126
Crucificado 51
Crucifixão 48
Cruz 47, 74, 76, 81, 156
Cuidar do relacionamento 149
Culpa 43, 74

Deportações 137
Descanso dominical 123, 125
Desejos, cobiças 51
Desemprego 137
Desenvolvimento ecológico 138
Desenvolvimento sexual, imaturo 93
Destruição do ambiente 137
Destruição do outro 119
Desumanização 75
Deus 113
Deus como Juiz 44
Deus Criador 113
Deus Pai 38
Deus pessoal 156, 162
Deus todo-poderoso 43
Deus, presença de 144
Dez Mandamentos 107, 124, 130
Dia a dia 127
Dia de trabalho 126
Dia do Senhor 126, 127
Dignidade do ser humano 21, 113–115, 118, 138
Direito à liberdade 118
Direitos da mulher 133
Discipulado 95
Discípulos 69, 88s, 136, 160s
Distinção entre o bem e o mal 106
Divino 12

Divórcio 101
Doação 103, 167s
Docetismo 38s
Doença 42s
Doentes 41
Domingo 80, 123s, 126
Dominicanos 30
Dores 49
Doutrina Social 136–139
Drama da Paixão de Cristo 81

Economia 125
Éfeso 69
Egito 125
Egoísmo 119
Empresa prestadora de serviço 126s
Encarnação 38
Encarnação, tornar-se humano de Deus 35–39
Encontro com Jesus 80
Engajamento social 118
Erótica 98
Escravidão 137
Esmola 50
Esperança 48
Espírito Santo 27, 32, 38, 54s, 57, 64, 67–71, 144, 167
Estado Islâmico 169
Eucaristia 70, 94, 127
Eucaristia, ação de graças 79–83
Eutanásia 113, 119
Evangelho 27, 33, 38
Evangelho de João 26, 75, 166
Evangelho de Lucas 55
Evangelho de Mateus 137
Expulsão 137

Facebook 133, 149
Fake news 130
Família de Deus 55
Fariseus 166
Fatos alternativos 130
Fé 8, 9, 18–20, 23, 26, 121
Felicidade, desejo de 51, 120
Festa 127
Festa da Páscoa 126
Fiat **de Maria** 168
Ficção científica 18
Fidelidade 101
Filho 27

Filhos 99s, 102, 118
Filhos de Deus 71
Filosofia 12, 131
Forçar à fé 118
Forma de vida de Jesus 89, 94
Formação da consciência 75
Fórmula original de Deus 25
Fortaleza 112

Gênesis, livro do 75, 125
Glossolalia, falar em línguas 69
Gólgota 83
Graça 50, 71, 120
Graça de Deus 168
Gratidão 151
Grupo de estudo 9
Guia de Estudo 170

Heresia 38
História de amor 17, 18, 20
Homem e mulher 98
Humanidade 21
Humanização, encarnação de Deus 35–39

Idolatria 155
Ídolos 86
Igreja 7–9, 25, 32, 35, 53–59, 80s, 167s
Igreja como corpo de Cristo 56
Igreja primitiva 94
Igreja, escândalos da 58
Igreja, instituição 57
Igreja, realidade espiritual 57
Igreja, tarefas da 58s
Imagem de Deus 12, 86
Imperador 112
Indissolubilidade do matrimônio 102
Inocentes 43
Inquisidor 30
Interrupção da gravidez 113, 119, 133, 137
Islamitas 63s
Islândia 24
Israel 126

Jerusalém 69
Jesus orante 159–163
Joelhos 153, 156

Judaísmo 21, 126, 160s
Judeo-cristãos 126
Juízo Final 43, 112
Justiça 14, 138
Justiça social 115

Lei 124
Liberdade 71, 74, 98, 117–121, 138, 168
Liderança 88
Liturgia 80
Liturgia da Sexta-feira Santa 49
Louvor 26
Lumen Gentium 58
Lutar com Deus 160
Luto 121

Macrocosmo 19
Mãe 25, 26
Mãe Igreja 136
Magos do Oriente 83
Mal 14, 43s, 47, 118, 120
Mali 63, 64
Mandamento da Igreja 93
Mandamento do amor 108
Mandamentos 105, 119
Manjedoura 36, 37
Mártires 25, 168, 169
Martírio 63s, 132
Martyria 169
Marxistas 137
Mater et Magistra, **encíclica** 138
Matrimônio 92, 95, 99
Matrimônio, sacramental 102
Menino Jesus 83
Mentira 75, 106, 119, 130–132
Messias 125s
Milagre 99
Milagre econômico 148
Misericórdia 50, 76, 115
Modelo 54
Monofisismo 38
Morte 120, 121, 126, 156
Morte de cruz 39
Mortos 108
Mulheres 30s

Nacional-socialismo 74, 132
Natureza 18
Nazistas 45

ÍNDICE DE PALAVRAS-CHAVES

Necessidades básicas 138
Nova Aliança 82, 83
Novo Testamento 30, 33, 69s, 70, 74, 86, 88, 126, 167
Nudez 112

O nome da rosa 30
Obediência 92, 167
Ódio 14, 119
Oportunidade 7, 8
Oração 141–145
Oração de ação de graças 150
Oração de petição 150
Oração do Senhor 162
Oração no dia a dia 149
Oração, interior 143
Orar 141s
Ordem social 138
Oriente Próximo 86
Ostensório 89, 156

Pai 27, 161s
Pai misericordioso 162
Pai-nosso 159–161, 167
Pais 118
Paixão 154
Palavra de Deus 32, 33
Pão 79, 82, 156
Pão da vida 156, 166
Pão e vinho 82s, 157
Papa 73
Parábola do filho pródigo 162
Partir do pão 88
Páscoa 81
Paz 138
Pecado 48, 62, 74, 126, 131, 137, 156
Pecado original 75
Pecador 115
Penitência 48s
Pentecostes 69
Perdão dos pecados 64, 76, 88
Perseguição aos cristãos 63s
Perseguição às bruxas 137
Personalidade 138
Pescadores de homens 86
Pessoas com deficiência 42
Pobreza 41, 92, 136
Politeísmo 13
Politicamente correto 132
Povo de Deus 32, 56s, 57, 86, 124s, 162

Preço 114
Presença de Deus 125, 144, 156s
Princípios da Doutrina Social 138
Profetas 162
Promessas matrimoniais 102
Propriedade 137
Propriedade privada 136
Proselitismo 121
Prova de Deus 25
Prova de fé 24
Prudência 112
Psicologia 74

Rabi 160
Razão 131
Recepção da comunhão 83
Reconciliação 73, 76
Reconhecimento 74
Redenção 36, 126
Reforma 31
Reino de Deus 82, 114s, 137
Relacionamento com Deus 25, 87, 95, 114, 149, 162
Relacionamento com Jesus 70s
Relacionamento de Jesus com Deus 161
Religiões 51
Renovação 7
Rerum Novarum, **encíclica** 137
Ressureição para uma nova vida 44
Ressurreição 49, 51, 65, 83, 126
Restrição 117, 119
Revolução 49, 137
Revolução Industrial 137
Rosa Branca 132

Sabá 125s
Sacerdócio 89
Sacerdotes 31, 81, 88, 91–95
Sacramento da iniciação 68
Sacramento da ordem 94
Sacramento do matrimônio 100s
Sacramentos 59, 68, 88
Sacrifício de Cristo 81, 82
Sagrada Escritura 30–33, 55s, 68, 145

Salmos 14, 151, 160
Salvação 65, 87
Salvação do mundo 49
Samaria, Cisjordânia 69
Sangue de Cristo 76, 82
Santa missa 79–83
Santificar o domingo 124
Santos 27, 145
Seguimento 88
Seguimento de Jesus 49, 95, 132
Segunda Guerra Mundial 132, 148
Seminário para candidatos ao sacerdócio 95
Sentido da vida 19
Separação 155
Ser humano 111, 113, 115
Ser humano, espiritual 70
Sermão da montanha 107, 114
Serviço divino 59, 79–83
Sexo 101
Sexualidade 98
Silêncio 143-144
Sim a Deus 165–169
Sinagoga 160
Sindicatos 127
Sínodo de Cartago 33
Sofrimento 41–45, 47
Sofrimento, transformar 49
Sola Scriptura 31
Solidariedade 138
Solidariedade de Deus 48
Solteirão 95
Spiritus, **Espírito** 70
Stalingrado 64
Submissão 154s
Subordinacionismo 38
Subsidiariedade 138
Sucessor dos Apóstolos 94
Suicídio 119
Sumo sacerdote 82

Taizé 142
Talmude 125
Tango 148
Teísmo 14
Templo do Espírito Santo 54
Tempo 127
Tempos de oração 149
Teodiceia 42
Teologia 36, 41

Testemunha de Jesus 169
Trabalhador 137
Trabalho 125, 137
Tradição 33
Tradição apostólica 33
Traição 106, 132
Trapaça 106, 130
Tribos de Israel 82
Túmulo 83

Última Ceia 81

Usina nuclear 137

Valor 113
Veracidade 131, 132
Verdade 76, 87, 129, 130, 131
Verdade de fé 169
Vida 20, 51
Vida eterna 61, 64, 108
Vínculo 99
Vínculo matrimonial 101
Vinha 82

Virtude 154
Vítima 13, 14, 76, 86
Vocação 57, 85–89, 157
Vocação para o matrimônio 92
Vontade de Deus 162, 163
Vontade livre 118
Voz de Deus 106

Índice de todas as questões do YOUCAT

Relacionamento da pessoa com Deus
Questão 1: Para que estamos no mundo? **88**
Questão 4: Podemos descobrir a existência de Deus com a nossa razão? **18**
Questão 6: Pode Deus, de alguma forma, abarcar-se em conceitos? Pode-se falar razoavelmente dele? **18**
Questão 7: Por que teve Deus de se revelar, para sabermos como ele é? **15**
Questão 8: Como se revela Deus no Antigo Testamento? **86**
Questão 9: O que nos mostra Deus quando nos envia seu Filho? **36**
Questão 10: Ficou tudo dito com Jesus Cristo ou prosseguirá a revelação depois dele? **33**
Questão 11: Por que transmitimos a fé? **88**
Questão 12: Como sabemos o que pertence à verdadeira fé? **24**
Questão 13: Pode a Igreja enganar-se em questões de fé? **38**
Questão 16: Como se lê a Bíblia corretamente? **32**
Questão 17: Que significado tem o Antigo Testamento para os cristãos? **30**
Questão 18: Que significado tem o Novo Testamento para os cristãos? **30, 86**
Questão 19: Que papel desempenha a Sagrada Escritura na Igreja? **32**
Questão 20: Como podemos responder a Deus quando ele nos aborda? **25**
Questão 21: Fé – o que é isso? **24**
Questão 22: Como se crê? **26**
Questão 23: Existe contradição entre fé e ciência natural? **12**
Questão 24: O que tem a minha fé a ver com a Igreja? **167**

Questão 30: Por que cremos em um só Deus? **13**
Questão 32: O que significa "Deus é a Verdade"? **25**
Questão 33: O que significa "Deus é amor"? **37**
Questão 34: O que deve fazer uma pessoa quando descobre Deus? **109**
Questão 40: Pode Deus fazer tudo? Ele é onipotente? **43**
Questão 41: A ciência natural torna o Criador desnecessário? **12**
Questão 43: O mundo é, porventura, produto do acaso? **20**
Questão 45: A ordem e as leis naturais também procedem de Deus? **19**
Questão 47: Por que descansou Deus no sétimo dia? **125**
Questão 49: Porventura Deus guia o mundo e a minha vida? **45, 119**
Questão 50: Que papel desempenha o ser humano na Providência Divina? **19**
Questão 51: Se Deus tudo sabe e tudo pode, por que não evita o mal? **43, 48**
Questão 56: O ser humano tem um lugar especial na criação? **21**
Questão 59: Para que criou Deus o ser humano? **70, 120**
Questão 64: De que forma Deus criou o ser humano homem e mulher? **98**
Questão 66: Estava no plano de Deus que o ser humano sofresse e morresse? **42**
Questão 67: O que é o pecado? **74**
Questão 71: Por que se chama de "Evangelho", isto é, "Boa Notícia", a narrativa sobre Jesus? **27**
Questão 76: Por que motivo Deus se tornou homem em Jesus? **37**

Questão 77: O que significa dizer que Jesus Cristo é, ao mesmo tempo, verdadeiro Deus e verdadeiro homem? **39**

Questão 82: Não é chocante chamar "Mãe de Deus" a Maria? **38, 169**

Questão 84: Maria foi apenas um instrumento de Deus? **168**

Questão 89: A quem promete Jesus o "Reino de Deus"? **115, 137**

Questão 92: Por que razão Jesus chamou apóstolos? **94**

Questão 99: O que aconteceu na Última Ceia? **82**

Questão 102: Como podemos também nós assumir o sofrimento da nossa vida, tomando "a cruz sobre nós" e seguindo Jesus? **49**

Questão 108: O que mudou no mundo com a ressurreição? **49**

Questão 118: O que aconteceu no dia de Pentecostes? **69**

Questão 119: O que faz o Espírito Santo na Igreja? **57**

Questão 121: O que significa "Igreja"? **54**

Questão 122: Para que quer Deus a Igreja? **95**

Questão 123: Qual é a missão da Igreja? **58**

Questão 126: O que significa dizer que a Igreja é "o corpo de Cristo"? **56, 81**

Sacramentos

Questão 127: O que é a liturgia? **81**

Questão 128: O que significa dizer que a Igreja é o "templo do Espírito Santo"? **54**

Questão 130: São também nossas irmãs e irmãos os cristãos não católicos? **31**

Questão 136: Como vê a Igreja as outras religiões? **51**

Questão 137: Por que se chama a Igreja de "apostólica"? **88**

Questão 138: Como é edificada a Igreja una, santa, católica e apostólica? **57**

Questão 139: Em que consiste a vocação dos leigos? **88**

Questão 145: Por que quer Jesus que haja pessoas que vivam para sempre em pobreza, em castidade celibatária e em obediência? **92**

Questão 150: Pode a Igreja perdoar realmente os pecados? **77**

Questão 163: O que é o Juízo Final? **112**

Questão 165: Por que dizemos "amém" ao terminar a confissão de nossa fé? **166**

Questão 168: Por que a liturgia tem prioridade na vida da Igreja e de cada um? **80**

Questão 184: De que modo a liturgia marca o tempo? **167**

Questão 187: Por que motivo o domingo é importante? **124**

Questão 190: O que significa "Casa de Deus"? **59**

Questão 194: O que é o batismo? **63**

Questão 195: Como é celebrado o batismo? **64**

Questão 197: Por que conserva a Igreja a prática do batismo das crianças? **62**

Questão 198: Quem pode batizar? **63**

Questão 199: Porventura, o batismo é o único caminho para a salvação? **65**

Questão 200: O que acontece no batismo? **65**

Questão 203: O que é a confirmação? **68**

Questão 204: O que diz a Sagrada Escritura sobre o sacramento da confirmação? **68**

Questão 207: Quem pode confirmar? **70**

Questão 208: O que é a Sagrada Eucaristia? **83**

Questão 216: De que modo está presente Cristo quando a Eucaristia é celebrada? **81**

Questão 218: Como devemos venerar corretamente o Senhor presente no pão e no vinho? **157**

Questão 219: Com que frequência deve um cristão católico participar na celebração eucarística? **80**

Questão 220: Como posso me preparar para receber a Sagrada Eucaristia? **83**

Questão 229: O que faz uma pessoa arrependida? **49**

Questão 232: Como se constitui a confissão? **76**

Questão 240: Que significado tinha a doença no Antigo Testamento? **43**

Questão 241: Por que revelou Jesus tanto interesse pelos doentes? **44**

Questão 250: O que entende a Igreja por sacramento da ordem? **94**

Questão 259: Como se distingue o sacerdócio comum dos fiéis do sacerdócio ministerial? **89**

Questão 260: Por que dispôs Deus o homem e a mulher um para o outro? **99**

Questão 261: Como se realiza o sacramento do matrimônio? **100**

Questão 262: O que é necessário para um matrimônio cristão sacramental? **102**

Questão 265: Porventura, todas as pessoas estão vocacionadas para o matrimônio? **92**

Questão 280: Como fundamentam os cristãos a dignidade humana? **21**

Questão 281: Por que desejamos a felicidade? **51, 120**

Questão 284: Por que são tão importantes as bem-aventuranças? **114**

Doutrina Social cristã

Questão 286: O que é a liberdade e para que existe? **71, 118**

Questão 287: Nossa liberdade não consiste precisamente em poder escolher o mal? **119**

Questão 289: Deve-se abandonar uma pessoa à sua vontade livre, mesmo que ela opte pelo mal? **118**

Questão 290: Como nos ajuda Deus a sermos pessoas livres? **74**

Questão 291: Como pode uma pessoa distinguir se sua ação é boa ou má? **106**

Questão 293: Para que fim Deus nos deu as paixões? **154**

Questão 295: O que é a consciência? **18, 106**

Questão 297: Pode uma pessoa formar sua consciência? **75**

Questão 298: É culpado, perante Deus, alguém que age de consciência errônea? **106**

Questão 299: O que se entende por virtude? **154**

Questão 300: Por que temos de trabalhar na construção de nossa personalidade? **112**

Questão 301: Como nos tornamos prudentes? **112**

Questão 303: O que significa ter fortaleza? **112**

Questão 309: O que é o amor? **107**

Questão 312: De que modo uma pessoa sabe que pecou? **75**

Questão 315: O que é um pecado? **74**

Questão 323: Como pode o indivíduo integrar-se na sociedade e desenvolver-se livremente? **138**

Questão 328: Como pode o indivíduo contribuir para o bem comum? **139**

Questão 329: Como surge a justiça social em uma sociedade? **115**

Questão 337: Como somos redimidos? **36, 109**

Questão 340: Como se comporta a graça de Deus relativamente à nossa liberdade? **71, 120**

Questão 342: Devemos ser todos "santos"? **88**

Questão 348: "Mestre, que hei de fazer para ter a vida eterna?" (Mt 19,16) **108**

Questão 349: Quais são os Dez Mandamentos? **107**

Questão 351: Não estão ultrapassados os Dez Mandamentos? **107**

Questão 354: Podemos forçar alguém a crer em Deus? **119**

Questão 355: O que significa: "Não terás outros deuses além de mim"? **12, 156**

Questão 357: O ateísmo é sempre um pecado contra o primeiro mandamento? **14**

Questão 362: Por que razão Israel celebra o sábado? **125**

Questão 363: Como lidou Jesus com o sábado? **126**

Questão 364: Por que motivo os cristãos substituíram o sábado pelo domingo? **126**

Questão 365: De que modo os cristãos fazem do domingo o "dia do Senhor"? **167**

Questão 382: É permitida a eutanásia? **113**

Questão 383: Por que não é aceitável o aborto em nenhuma fase do desenvolvimento embrionário? **113**

Questão 386: Por que o quinto mandamento protege a integridade corporal e espiritual do ser humano? **93**

Questão 387: Como devemos lidar com o nosso corpo? **109**

Questão 400: O que significa dizer que o ser humano é um ser sexual? **98**

Questão 401: Existe alguma precedência de um gênero em relação ao outro? **98**

Questão 402: O que é o amor? **37, 99**

Questão 404: O que é o amor casto? Por que deve um cristão viver castamente? **101**

Questão 417: Que sentido tem o encontro sexual no matrimônio? **102**

Questão 418: Que significado tem um filho no matrimônio? **100**

Questão 424: O que é o adultério? É correto o divórcio? **101**

Questão 427: Por que não existe um direito absoluto à propriedade privada? **136**

Questão 438: Por que tem a Igreja católica uma Doutrina Social própria? **136**

Questão 439: Como surgiu a Doutrina Social da Igreja? **137**

Questão 444: O que diz a Doutrina Social da Igreja sobre o trabalho e o desemprego? **137**

Questão 449: Que significado têm os pobres para o cristão? **136**

Questão 452: O que exige de nós o oitavo mandamento? **130**

Questão 453: Que tem a ver com Deus a nossa relação com a verdade? **76, 133**

Questão 454: Em que medida a verdade da fé compromete? **25, 132, 169**

Questão 455: O que significa ser verdadeiro? **131**

Questão 456: O que se deve fazer quando alguém mente, engana ou burla? **130**

Questão 465: Que atitude deve ter um cristão relativamente à propriedade alheia? **137**

Espiritualidade, oração
Questão 468: Que realidade o ser humano deveria desejar mais? **142**
Questão 469: O que é a oração? **143**
Questão 470: Que sentido tem a oração para uma pessoa? **142**
Questão 473: Que significado têm os Salmos na nossa oração? **151, 160**
Questão 474: De que modo Jesus aprendeu a orar? **161**
Questão 475: Como orava Jesus? **160**
Questão 476: Como orou Jesus perante a sua morte? **160**
Questão 477: O que significa aprender a orar com Jesus? **160**
Questão 482: Que papel desempenhava a oração entre os primeiros cristãos? **145**
Questão 485: Por que adoramos Deus? **155**
Questão 486: Por que motivo devemos pedir a Deus? **148**
Questão 488: Por que devemos agradecer a Deus? **150**
Questão 491: Pode-se aprender a orar com a Bíblia? **145**
Questão 493: O que identifica uma oração cristã? **156**
Questão 494: Como pode o meu dia a dia tornar-se uma escola de oração? **149**
Questão 496: Para que precisamos do Espírito Santo quando oramos? **156**
Questão 497: Por que motivo nos ajuda, na oração, orientarmo-nos pelos santos? **145**
Questão 499: Quando se deve orar? **149**
Questão 503: O que é a contemplação? **143**
Questão 510: É possível orar sem cessar? **149**
Questão 514: Que lugar ocupa o pai-nosso entre as orações? **161**
Questão 515: De onde vem a confiança de chamar "Pai" a Deus? **162**
Questão 521: O que significa dizer "Seja feita a vossa vontade assim na terra como no céu"? **163**
Questão 527: Por que terminamos o pai-nosso com a palavra "amém"? **167**

Índice de todas as citações bíblicas

Gn 1 75
Gn 1,27 21
Gn 2,3 125
Gn 12,1 86
Gn 12,2 56, 86

Ex 20,2-17 107
Ex 20,18 124
Ex 29,46 55

Dt 5,6-21 107
Dt 5,14 125
Dt 6,4 162

1Sm 3,9 162

Jó 1,21 112
Jó 30,20 43

Sl 8 151
Sl 8,6 21
Sl 10,1 43
Sl 17,8 114
Sl 22,25 44

Sl 51 14
Sl 139,6 21

Ct 8,6 103

Is 43,1 114
Is 55,8 43
Is 66,13 44

Jr 29,11 44

Mt 5,18-19 107
Mt 5,21-22 108
Mt 5,43-44 109
Mt 11,28 87
Mt 19,5 101
Mt 19,6 101
Mt 19,11 94
Mt 19,12 92
Mt 19,16 108
Mt 25 114, 137
Mt 25,40 58
Mt 28,19 64

Mc 1,17 87
Mc 2,17 58
Mc 12,30 108
Mc 12,31 109
Mc 15,34 44
Mc 16,16 64

Lc 1,38 54
Lc 8,21 55
Lc 10,1 88
Lc 10,16 167
Lc 11,1 161
Lc 15,11-32 162
Lc 22,18 82
Lc 22,19 82
Lc 22,42 160
Lc 22,43 161

Jo 1,14 38
Jo 6,35 156, 166
Jo 6,47 26
Jo 6,51 82
Jo 6,60 166
Jo 6,68 167

Jo 8,32 132
Jo 8,44 75
Jo 10,10 51
Jo 11,25 26
Jo 13,34 109
Jo 15,15 88
Jo 20,23 88

At 2,38 64
At 4,32 145
At 8,14-17 69
At 19,2-7 69

Rm 5,10 109
Rm 6,3-5 65
Rm 8,28 44

1Cor 4,7 155
1Cor 7,31 94
1Cor 11,24 82
1Cor 13,8 102
1Cor 15,3 74
1Cor 23,24 88

Gl 3,27 64

Ef 1,7 76
Ef 4,22-24 70
Ef 5,25.28a 103

Fl 2,6-8 156

Cl 1,22 76
Cl 3,12 113

1Ts 5,17-18 150

1Tm 2,4 87
2Tm 4,2 59, 88

Hb 4,12 33

1Pd 2,5 57
1Pd 2,24 48

1Jo 1,8 75

Ap 21,4 42, 121

Créditos das imagens

Bento XVI/kathpedia p. 20; Maria Boeselager/Kommende junger Malteser p. 93; Jeremy Bishop in unsplash.com p. 66; Caecilia Engels p. 10; flickr.com p. 95; Lachlan Hardy/flickr.com p. 131; Heinrich Hoffmann Getsemane/pinterest p. 158; Jeronimo Lauricio/YOUCAT Brasil p. 20; Alexander von Lengerke p. 26, 84; Peter von Lengerke p. 118; L'Osservatore Romano p. 72; Oreste Schaller/Libanon on Stage p. 106; Lukas Schlichtebrede p. 100; Nightfever Deutschland (www.nightfever.org) p. 152; http://questionsessentiellescolombes.overblog.com/2015/11/raisons-de-venir-a-persecutes-pour-sa-foi-partir-ou-mourir.html p. 169; Thomas Obermeier nas coleções de arte da Diocese de Würzburg, 2019 86; Pixabay 13, 24, 40, 104, 115, 116, 122, 134, 139, 144, 150–151; pexels.com 16, 19, 22, 62, 101, 113, 133, 163; picture alliance/akg-images p. 65; Platytera, Griechisch-Orthodoxe Kirche (Alte Schule 3, 51645 Gummersbach, Deutschland, Ikonenmaler: Konstantinos Chondroudis) p. 54; Sven-Sebastian Sajak, Wikimedia Commons, Creative Commons-Lizenz by-sa.4.0 p. 118; Luc Serafin p. 19, 50, 52, 55, 59, 89, 164; Virginia State Parks/flickr.com p. 98; Wikimedia Commons (domínio público) 12, 13, 15, 18, 21, 27, 30, 31, 34, 37, 38, 42, 45, 46, 48, 56, 57, 60, 63, 68,71, 75, 77, 80, 82–83, 87, 90, 103, 110, 117, 121, 128, 132, 143, 154, 160, 165, 168; Constanze Wilz p. 94; Katharina Wollkopf p. 108; Worship1/maxpixel.de p. 148; YOUCAT Foundation p. 32

Direitos autorais

Informações bibliográficas da Biblioteca Nacional Alemã

A Biblioteca Nacional da Alemanha registra esta publicação na Bibliografia Nacional Alemã; dados bibliográficos detalhados estão disponíveis na Internet em https://dnb.de

Ideia e texto: Bernhard Meuser

Assistente editorial: Claudia Weiß

© 2019 Foundation YOUCAT sem fins lucrativos GmbH, KÖnigstein/Ts.

Título original: Glaubenskurs. Christsein verstehen.

O único acionista da YOUCAT Foundation é a Fundação Pontifícia Ajuda à Igreja que Sofre (ACN), com sede em Königstein im Taunus, Alemanha.

Todos os direitos reservados. A marca é utilizada com autorização da YOUCAT Foundation. YOUCAT® é uma marca internacionalmente registrada e protegida, sob o número 011929131.

Capa, layout, ilustrações e diagramação: Alexander von Lengerke, Colônia

A YOUCAT Foundation GmbH (corporação de utilidade pública), através de lucros obtidos pelo trabalho de publicação e de doações recebidas, promove projetos mundiais da Nova Evangelização, nos quais os jovens são encorajados a descobrir a fé católica como fundamento para sua vida. Você pode apoiar o trabalho da Fundação YOUCAT mediante uma contribuição: Deutsche Bank AG, BLZ 720 700 24, conta nº: 031 888 100, IBAN: DE13 7207 0024 0031 8881 00, BIC: DEUTDEDB720

Twittern mit GOTT ou Tuitando com DEUS (#TwGOD) é uma iniciativa multimídia global que pode ser muito bem utilizada com **YOUCAT**. **#TwGOD consiste em um livro, um aplicativo para Android e iOS, manuais para líderes de jovens e presença nas mídias sociais.**

O aplicativo para o YOUCAT

YOUCAT Daily é um companheiro ideal para todos os que desejam crescer na fé. **A cada dia...**

- o Evangelho do dia no celular
- uma questão apropriada do YOUCAT ou do DOCAT
- uma inspiração da comunidade internacional ou de santos ou cristãos famosos

Cinco minutos por dia. E pode-se conhecer, em três anos, todo o conteúdo da fé da Igreja católica.

Na internet: **youcat.org/de/daily**
ou:

Todos os direitos reservados pela Paulus Editora. Nenhuma parte desta publicação poderá ser reproduzida, seja por meios mecânicos, eletrônicos, seja via cópia xerográfica, sem a autorização prévia da Editora.

Dados Internacionais de Catalogação na Publicação (CIP)
Angélica Ilacqua CRB-8/7057

Meuser, Bernhard
    YOUCAT: curso sobre a fé: uma introdução em 26 partes / Bernhard Meuser; tradução de Paulo Ferreira Valerio. — 1. ed. — São Paulo: Paulus, 2020. Coleção Youcat.

ISBN 978-65-5562-022-1
Título original: Glaubenskurs. Christsein verstehen.

    1. Igreja Católica - Catequese 2. Fé 3. Evangelização - Jovens - Igreja Católica I. Título II. Valerio, Paulo Ferreira III. Série

20-1934

CDD 268.82
CDU 268

Índice para catálogo sistemático:
1. Igreja Católica - Catequese

Direção editorial: *Pe. Sílvio Ribas*
Coordenação de revisão: *Tiago José Risi Leme*
Tradução para a versão portuguesa: *Paulo Ferreira Valerio*
Preparação do original: *André Tadashi Odashima*
Editoração: *Karine Pereira dos Santos*
Impressão e acabamento: PAULUS

Seja um leitor preferencial **PAULUS**.
Cadastre-se e receba informações sobre nossos lançamentos e nossas promoções: **paulus.com.br/cadastro**
Televenda: **(11) 3789-4000 / 0800 016 40 11**

1ª edição, 2020

© PAULUS – 2020

Rua Francisco Cruz, 229 • 04117-091 São Paulo (Brasil)
Tel. (11) 5087-3700
paulus.com.br • editorial@paulus.com.br
ISBN 978-65-5562-022-1

YOUCAT

OBRIGADO POR SUA GENEROSIDADE!

A missão do YOUCAT Center Brasil é sustentada exclusivamente pelas Surpresas de Deus que passa também pelas mãos e pelo coração dos Colaboradores que associados ou não *"são aquelas pessoas que através de seu trabalho, de suas orações, de sua pregação e de sua oferta, favorecem e promovem de forma contínua a consecução dos objetivos da Associação YOUCAT Brasil."*
(Artigo 60 do Estatuto Social).

Acompanhe os projetos de formação e evangelização do YOUCAT Center Brasil:

Facebook: /youcatbrasilofficial e Instagram: @youcatbrasil

Para ser um colaborador dos projetos, entre em contato com os **Missionários YOUCAT**: brasil@youcat.org

Entidade Mantenedora: Associação YOUCAT Brasil
CNPJ: 260.61.260/0001-60

YOUCAT BRASIL
WWW.YOUCAT.ORG.BR

❓ FIQUE POR DENTRO

O YOUCAT CENTER BRASIL é a inspiração de um Instituto de Formação e Evangelização Juvenil que tem como serviço e missão, ser na Igreja para o mundo um *CAMPUS FIDEI* e um *CAMPUS MISERICORDIAE*: um Campo da Fé e um Campo da Misericórdia. A partir desses dois elementos fundantes, o YOUCAT Center é portanto, um campo como **lugar onde se semeia**; um campo como **lugar de treinamento** e um campo como **lugar de construção**, que à luz dos quatro princípios do YOUCAT, (Conhecer, Encontrar, Partilhar e Expressar), procura em suas atividades ser e formar uma geração de jovens mais enraizada na Fé e fecunda em boas obras.

A sede de missão do YOUCAT Center, fica na cidade de Brasília, por ser também um centro de coordenação nacional dos projetos oficiais de evangelização e formação do YOUCAT em todo o país, tais como: *YOUCAT Adventure*, (um encontro querigmático para jovens); *YOUCAT Training* (cursos de Formação e Aprofundamento); *YOUCAT Dating* (Grupo de Estudo para Jovens Casais à luz da Teologia do Corpo), **Grupos de Estudo YOUCAT** (formação com o Catecismo, DOCAT e Bíblia); *YOUCAT Meeting* (encontro de formação para Coord. de Grupos de Estudo); *YOUCAT Training School* (Escola de Treinamento YOUCAT); *YOUCAT Summer Meeting* (Encontro de Verão YOUCAT), *WORKSHOPS DOCAT* (cursos de formação sobre a Doutrina Social da Igreja), **Clube de Leitura YOUCAT** e muito mais....

A **ASSOCIAÇÃO YOUCAT BRASIL** é uma instituição de direito privado, sem fins lucrativos, de caráter organizacional, assistencial, religioso e educacional e é a entidade mantenedora da missão do YOUCAT Center Brasil. A Associação, em parceria com a YOUCAT Foundation, de acordo com a ata de fundação, tem como objetivo fundamental, dentro do espírito da oração e do amor atuante, promover a evangelização, notadamente junto aos públicos jovens, através da propagação da palavra de Deus, da divulgação das Sagradas Escrituras, da colaboração espiritual, da atuação pastoral e da formação consoante com a Doutrina Social da Igreja Católica.

A **YOUCAT FOUNDATION**, criada na Alemanha, sem fins lucrativos, tem como objetivo publicar e distribuir livros e outros materiais, promovendo assim a Nova evangelização no mundo juvenil. A YOUCAT Foundation, como subsidiária da Fundação Pontifícia Ajuda à Igreja que Sofre – ACN, incentiva e apoia também a formação de centros para a evangelização de jovens em diversos países nominados "YOUCAT Center". **A Fundação Pontifícia Ajuda à Igreja que Sofre**, a YOUCAT Foundation e os YOUCAT Centers são animados por uma fiel obediência e devoção ao Pontífice Romano, por uma ativa cooperação com o Seu ministério apostólico universal e por uma pronta disponibilidade para seguir e colocar em prática as Suas indicações.

Visite o *site* www.youcat.org.br
e também o perfil do YOUCAT Brasil
nas principais redes sociais:

/youcatbrasilofficial   @youcatbrasil

Entre em contato com os
MISSIONÁRIOS YOUCAT:
brasil@youcat.org.br